??? 🏥 Krankenhaus ???

Hoppla, Sie sind im Krankenhaus gelandet!
Und was erwartet Sie hier?

Anstelle eines **Vorworts**: Verordnung von Krankenhausbehandlung	Seite 3
Erfahren am Behandlungstag **eins**: „Sorry, ich habe Ihren Blinddarm nicht gefunden."	Seite 6
Eingestuft ab Behandlungstag **zwei** als: Patient 1. Klasse	Seite 16
Verwirklicht am Behandlungstag **drei**: Vom Ich zum Wir	Seite 26
Bemerkt am Behandlungstag **vier**: Ottilie hat es mit der Galle	Seite 36
Vergessen am Behandlungstag **fünf**: Zu schweigen	Seite 46
Erkannt am Behandlungstag **sechs**: Warum Eiter evakuiert werden muss	Seite 56
Gehört am Behandlungstag **sieben**: Von einem, der wiederkehrte und das Gruseln gelernt hatte	Seite 66
Realisiert am Behandlungstag **acht**: Endlich beim Spezialisten	Seite 77
Empfohlen am Behandlungstag **neun**: Da sagen's halt „Herr Doktor"!	Seite 88
Vorhergesehen am Behandlungstag **zehn**: Harry B. wird gemenetscht	Seite 98
Entlassen am Behandlungstag **elf** mit dem Hinweis: Morgen möchte ich Sie dem Pathologen vorstellen	Seite 109
Nicht vergessen am Entlassungstag: Der Patient hat das Wort	Seite 121
Quellennachweis	Seite 123
Bildnachweis	Seite 124

Anstelle eines Vorworts: Verordnung von Krankenhausbehandlung

„Geht das nicht auch ambulant...?", entgegnen wahrscheinlich die meisten der deutschen Patienten ihrem Doktor, der sie, während er den entsprechenden Verordnungsschein bereits in den Laserdrucker schiebt, in das Krankenhaus einweisen will. Sie schrecken davor zurück. Ins Krankenhaus? Nein danke, das ist doch das Letzte! Auch einer Frau Doktor, die ihrem verängstigten Gegenüber die Vorzüge der von ihr mit Engelszungen gepriesenen Klinik schildern möchte, sitzt gewiss fast jeder derartige Kandidat nicht weniger skeptisch gegenüber.
Mal Hand aufs (hoffentlich noch regelmäßig schlagende) Herz! Haben Sie nicht auch schon so reagiert? Oder würden Sie nicht ebenso zögerlich sein, säßen Sie heute im Behandlungszimmer Ihres Freundes im Arztkittel? Zumindest aber wissen Sie um einen wenig robusten Nachbarn oder Bekannten, der Ihnen schon einmal mit Entsetzen berichtet hat, dass seine Frau Doktor ihn sogar ins Krankenhaus schicken wollte!
Was ist so schlimm am Krankenhaus? Nun gut, Opa Erich oder Tante Emma - sie haben die Klinik am Rande der Stadt nicht mehr lebend verlassen, werfen Sie ein. Und Ihr Nachbar Herbert war auch nicht mehr der Alte, als er nach zehn Wochen Klinik und anschließendem Reha-Aufenthalt endlich wieder zu Hause war! Zugegeben - Krankenhaus, Kranksein, Operation - diese Begriffe passen nicht unbedingt zu solchen Schmusewörtern unserer Gesellschaft wie Wellness, Beauty oder Spaßgesellschaft. Andererseits garantiert ein boomender Gesundheitsmarkt zunehmend der immer älter werdenden Bevölkerung die Teilnahme an den Annehmlichkeiten eben jener Spaßgesellschaft bis ins hohe Alter. Das Krankenhaus hat bei der Wiedererlangung oder Erhaltung von Gesundheit dabei seinen berechtigten Platz.
Dennoch empfinden viele Zeitgenossen den Weg in die Einrichtung am Rand der Stadt außerhalb des „Tages der offenen Tür" oft noch als den Gang der römischen Gladiatoren in die

Arena. Die Aversion gegen den modernen Gebäudekomplex, der längst das alte Stadtkrankenhaus abgelöst hat, ist einfach da! Nun, treten Sie mit der Lektüre dieses (durchaus ernst zu nehmenden) Büchleins die berühmte Flucht nach vorn an! Spüren Sie gemeinsam mit Insidern jene Tatbestände und Situationen auf, die das Krankenhaus auch für den modernen Menschen Mitteleuropas so ominös, so unberechenbar, so Angst einflößend erscheinen lassen. Warum aber? Mehrere Ursachen werden Sie entdecken. Unkenntnis mag die eine heißen. Nicht nur die des Patienten, der natürlich häufig über seinen Zustand zu wenig informiert ist. Auch bei den Herrschaften im Klinikdress sind Wissenslücken erkennbar - so hinsichtlich des gebührenden Umgangs mit ihren Klienten (Psychologie hieße das wohl wissenschaftlicher ausgedrückt) oder bezüglich der Normen eines gewissen Herrn von Knigge. Das Gefühl des Ausgeliefertseins nach dem Einchecken in die Bettenstation mag eine andere allgemeine Ursache der Krankenhausphobie (so würde ein Psychiater die Angst vor der Klinik nennen) sein.

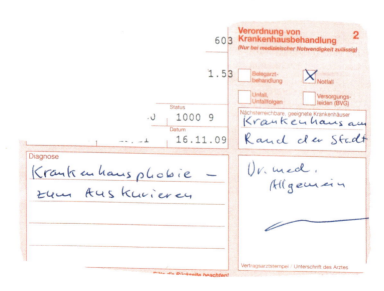

Elf Krankenhaustage werden Ihnen mittels des Studiums nachfolgender Kapitel nun verordnet, jeweils unterteilt in eine anfängliche Story und die nachfolgenden Kommentare! Und es werden aufregende Behandlungstage für Sie werden! Mögen Sie die Geschichten vom nicht auffindbaren Blinddarm und vom eigenartigen Weg eines Gallensteins, aber auch von den Ungereimtheiten des Schweigens einerseits und des Aufklärens im Krankenhaus andererseits zum Schmunzeln bringen. Eine Abhandlung über den Pathologen, sie füllt Ihren letzten virtuellen Krankenhaustag, wird Sie möglicherweise sogar poetisch berühren. Und - spätestens nach dem Absolvieren sämtlicher Ihnen hier auferlegten Kliniktage werden Sie endlich wissen, wie mit Eiter zu verfahren ist, wie Sie die Kapazitäten im Kliniklook gebührend ansprechen sollten und ob und wann Sie welchen Spezialisten oder gar einen Chefarzt aufsuchen sollten. Nicht zuletzt werfen Sie einen Blick in die glänzende Zukunft des Krankenhauswesens.

Lassen Sie sich an die Hand nehmen, auf humoristische und erklärende Weise zugleich, auf dem Weg zu Ihrem nächsten oder (ersten!?) Aufenthalt in der bisher so gescheuten Institution! Oder rein prophylaktisch für den Fall, dass es so weit kommen sollte. Sie werden erfahren, wie manche Krankheiten und die Umstände um sie herum plötzlich ... entschärft werden. Oder wie Sie über alt eingesessene Rituale und Traditionen unserer (wirklich oft noch verstaubten deutschen) Kliniken lachen können. Und hoch verehrte „Götter in Weiß" - erkennen Sie zusammen mit Ihren unentbehrlichen Mitarbeiterinnen Ihre oft allzu menschliche Seite, und bestimmt haben Sie sich nach der Lektüre dieser (nur manchmal) übertriebenen Zeilen Ihren Patienten noch mehr genähert, sowohl auf fachlicher als auch auf emotionaler Ebene...

Erfahren am Behandlungstag **eins:**

„Sorry, ich habe Ihren Blinddarm nicht gefunden."

Natürlich blickte er ernst, der Doktor Emsig, irgendwo in einem deutschen Krankenhaus der Grund- und Regelversorgung. Dem etwas skeptisch blickenden älteren Herrn bedeutete er nämlich, dass er an einer Blinddarmentzündung leide, die sofort operiert werden müsse. Widerspruch schien nicht möglich, und so fügte sich der Patient ergeben in sein Schicksal.

Visite am nächsten Morgen: Alfred Pendix, so nennt sich der tapfere Herr, ist glücklich aufgrund der überstandenen Operation. Entspannt, wenn auch mit leichtem Wundschmerz, blickt er seinem Retter ins Gesicht und fragt ihn, wie schlimm sein Blinddarm denn nun ausgesehen habe. Ohne dass er es merkt, kommt Dr. Emsig dabei etwas ins Schlingern. Umständlich und mit viel Latein verbrämt, spricht er mit dem operierten Herrn Pendix über den Eingriff, dessen Quintessenz letztlich darin bestand, dass der Blinddarm gar nicht entfernt wurde, weil ... der emsige Chirurg ihn nicht hatte finden können!!!

Wahrscheinlich hat er ihn gar nicht verstanden, unser gutgläubiger Alfred P., zumal sein von einer Anästhesieschwester am Vortag liebevoll in eine Plastiktüte verpacktes Hörgerät immer noch im Nachttischkasten verstaut war. Insgeheim dachte er aber an Enkelin Melanie Wurm, die vor zwei Jahren auch von der Volkskrankheit Blinddarmentzündung betroffen war. Hoffentlich geht es mir nicht wie ihr, sinnierte der geistig fitte Rentner. Musste die junge Nachkommin von Alfred doch vor ein paar Wochen ein zweites Mal am Blinddarm operiert werden. Er sei nachgewachsen oder so ähnlich, hätte Dr. Emsig dabei der erstaunten Melanie verkündet...

Es sind viele Irrtümer und „Legenden", die sich um den oft zitierten Blinddarm ranken. Wenn Sie nun meinen, die Schlagzeile vom „nicht gefundenen Blinddarm" sei eine Ente, so liegen Sie allerdings falsch, und das zweifach! Bevor wir uns aber dieser Alfred Pendix widerfahrenen Anekdote widmen, lassen Sie uns zuvor zwei tagtägliche Wirrnisse um den Blinddarm offen legen und damit jahrzehntelange Unklarheiten beseitigen!

Verwirrung Nr. 1 hat sich bereits in der Überschrift dieses Kapitels niedergeschlagen. Alle sprechen vom Blinddarm, sowohl der Patient als auch die ihn behandelnden Ärzte; dabei wissen zumindest Letztere, dass dies falsch ist. Nun ja, es gibt ihn schon, den wirklichen Blinddarm. Zäkum (oder Cökum) nennen ihn die Mediziner. Er bildet zwar kein blindes Ende des

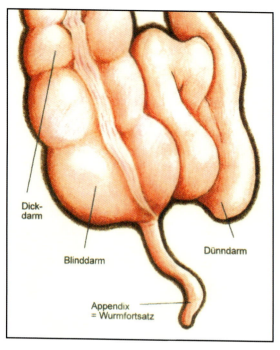

Dickdarmes, sondern ist der erste Abschnitt des Dickdarmes, eine mehr oder weniger große Aussackung rechts unten im Bauch, die hier blind zu enden scheint. Kein Problem allerdings für den Darminhalt - durch den Blinddarm hindurch findet er mühelos seinen Weg weiter in die nächsten Abschnitte des Dickdarmes bis schließlich zum Ausgang am After. Natürlich kann auch er erkranken, der wahre Blinddarm; Geschwülste im fortgeschrittenen Lebensalter sind es meist, die ihn befallen. Die Volkskrankheit „Blinddarmentzündung" betrifft aber ein Anhängsel des Blinddarmes. Nur dieses Anhängsel, wie ein Wurm, besser noch, wie ein Regenwurm aussehend und korrekt Wurmfortsatz genannt, wird bei der so oft durchgeführten „Blinddarm-Operation" entfernt. Der Blinddarm selbst bleibt dabei aber immer ungeschoren, selbst wenn Patient und Arzt meinen, der böse entzündete Blinddarm sei nun raus.

Entsprechend groß müssen wir uns dann auch die Verwirrung eines betagten Patienten vorstellen, dem der Arzt die Diagnose einer Blinddarmgeschwulst mitteilt; aber - ihm war der damals vereiterte „Blinddarm" vor 50 Jahren doch schon „herausgenommen worden"!?
Das „wurmartige Anhängsel" hat lateinisch natürlich einen besseren Klang: Appendix vermiformis. Die so häufige Entzündung des Wurmfortsatzes heißt folgerichtig Appendizitis. Alfred Pendix wird diesen Begriff auch auf dem Aufklärungsbogen zu seiner Operation, den ihm Dr. Emsig vorgelegt hatte, gelesen haben. Dennoch blieb es im Sprachgebrauch zwischen beiden weiter beim „Blinddarm". Wenn Dr. Emsig dann erläuterte, den Blinddarm nicht gefunden zu haben, meinte er vordergründig unser ominöses Anhängsel, das ihm verborgen blieb. Aber: Nennen Sie es Dauerunwahrheit, medizinische Gewohnheitslüge oder wie auch immer. Sie und auch dieses Buch werden daran nichts ändern können, dass unser wurmartiges Anhängsel auch künftig unkorrekterweise als „Blinddarm" im Umlauf ist.
Verwirrung Nr. 2: „Den Blinddarm nimmt der Pförtner heraus...", meint selbst heute noch der Volksmund, vielleicht auch nur, um den Freund oder die Verwandte, die das Krankenhaus wegen der vermeintlichen Entzündung aufsuchen müssen, zu trösten. Abgesehen davon, dass viele Krankenhäuser im Rahmen der Kosteneinsparung sich einen Pförtner im altherkömmlichen Sinne heute gar nicht mehr leisten können, kam mit dem genannten Schlagwort der Nimbus einer leicht zu behandelnden Krankheit auf, einer für Ärzte nebenbei zu erledigenden Angelegenheit. Dem ist aber nicht so. Zahllose Opfer dürfte die Erkrankung des Wurmfortsatzes vor der Ära der modernen Chirurgie gefordert haben; vom Kind bis zum vielleicht noch rüstigen Greis mussten viele Menschen früherer Jahrhunderte ihr Leben, dieses kleinen Anhängsels wegen, vorzeitig lassen. Prominentes Opfer noch 1925 war der Reichspräsident der Weimarer Republik Friedrich Ebert, der am 28. Februar desselben Jahres an den Folgen einer Blinddarmentzündung - hoppla, da haben wir doch schon wieder den Versprecher - starb.

*Prominentes Opfer einer Appendizitis:
Reichspräsident Friedrich Ebert.*

Ihren Schrecken hat die Wurmfortsatzentzündung dank moderner medizinischer Möglichkeiten heute in der Regel glücklicherweise verloren. Solch unheilvolle Ausgänge wie beim genannten Politiker der zwanziger Jahre sind zur Ausnahme geworden. Dennoch bleibt die Appendix samt ihrer möglichen Entzündung anspruchsvoll in ihrem „Handling". Und sie sorgt immer wieder für Überraschungen bei Arzt und Patient, sowohl hinsichtlich ihrer Operation, als auch mannigfaltiger Besonderheiten.
Solch ein besonderer Fall war nun auch der unseres Alfred P., womit wir jetzt endlich bei der Erörterung dieses exotischen Vorkommnisses angelangt sind. Wir hatten ja oben bereits festgehalten, dass Dr. Emsig auf alle Fälle den Wurmfortsatz nicht gefunden hatte. Und den Blinddarm? Am Bett von Alfred sprach er dann eben volkstümlich vom „nicht gefundenen Blinddarm...". Den Wurmfortsatz nicht finden? Oder sogar komplett Blinddarm samt Wurmfortsatz nicht entdecken? Gibt es das tatsächlich? Und wenn ja, woran kann das liegen? Was hat es mit dieser fadenscheinigen Aussage auf sich?

Es ist, wenn auch äußerst selten, im Laufe der Medizingeschichte der letzten hundert Jahre durchaus vorgekommen, dass Chirurgen bei der Suche nach der vermeintlich erkrankten Appendix diese nicht gefunden haben. Dabei hatten sie weder ihre Brille vergessen noch waren sie anderweitig indisponiert. Erklärungen für den unseren Chirurgen frustrierenden, Alfred Pendix zumindest völlig unverständlichen Tatbestand gibt es mehrere. Am plausibelsten ist der Fakt, dass unser Corpus Delicti vielleicht schon früher entfernt wurde. Für Alfred nicht zutreffend, aber bei Frauen durchaus denkbar: Während eines Unterleibseingriffes könnte dies erfolgt sein. Wird das der Patientin dann nicht mitgeteilt, so läuft sie scheinbar weiter mit Wurmfortsatz herum, zumal die typische „Blinddarmnarbe" fehlt. Folglich können solche Patientinnen, die, aus welchen Gründen auch immer, wieder einmal Bauchschmerzen haben, jenen delikaten Fall provozieren. Leidvoll zeigen sie dem konsultierten Arzt ihren rechten Unterbauch. Dieser bestätigt die Schmerzhaftigkeit der Region, hegt den Verdacht auf eine Appendizitis und schickt sie, mangels der typischen Narbe noch in diesem Verdacht bekräftigt, in den OP-Saal. Er wird jetzt den Blinddarm finden, nicht aber die Appendix.

Sollten Sie noch die „gute alte schräge Blinddarmnarbe" rechts unten im Bauch haben, tragen Sie ein Markenzeichen an sich, das die „Generation Knopflochchirurgie" (Sie hören unten noch davon) nicht mehr für sich in Anspruch nehmen kann. Und erinnern Sie sich überdies auch noch an Ihre Blinddarm-Operation, sprich Wurmfortsatz-Entfernung, so haben Sie im Fall erneuter Bauchschmerzen ihrem behandelnden Arzt bei der Diagnosefindung schon tüchtig geholfen.

Ein sehr seltener Umstand ist das Vorliegen eines so genannten Situs inversus. Der betroffene Mensch ist hier seitenverkehrt gebaut - der Blinddarm samt Wurmfortsatz liegt links, das Herz dagegen rechts. Das lässt den Chirurgen bei rechtsseitigem Bauchschnitt dann natürlich nicht fündig werden! Und - Sie haben richtig kombiniert! - in diesem Fall findet er somit beide, Blinddarm und Appendix, nicht! Gleiches könnte eine Malrotation bewirken. Dies hat nichts mit einem Malfehler, im

Lehrbuch des Chirurgen vielleicht, zu tun. Während der Entwicklungsgeschichte des ungeborenen Kindes im Mutterleib ordnet sich der entstehende Darm schrittweise in sein künftiges Zuhause im Bauchraum ein. Er „rotiert" gewissermaßen im Bauch des Föten, der Wissenschaftler spricht sogar von Darmdrehungen. Da kann es schon einmal passieren, dass er „nicht ganz rund läuft"; die Darmdrehung bleibt unvollendet. Der Blinddarm samt Anhängsel bleibt irgendwo im Bauch hängen, bloß nicht rechts unten, wie von ihm erwartet. Malrotation also nennt dies die geheimnisvolle Medizinersprache. Und schon hat der Operateur, der gerade rechts unten den Bauch eröffnet hat, alle Not, den Blinddarm mit Appendix zu finden. Denkbar ist schließlich auch noch ein ganz klein und verstümmelt angelegter Wurmfortsatz, der dazu unsichtbar nach hinten und umhüllt von umgebendem Weichteilgewebe verläuft. Auch ein solcher könnte sich dem Auge des suchenden Operateurs trotz entdecktem Blinddarm entziehen, zumal, wenn er nicht entzündet ist.

Der bis jetzt noch mitdenkende Leser wird sich fragen, wieso jene Patienten, also auch Alfred Pendix, dann überhaupt Schmerzen an der typischen Stelle rechts unten hatten, wenn die gesuchte Appendix hier gar nicht zu finden war...? Richtig mitgedacht! Nun - dahinter verbirgt sich ein Sachverhalt, der dem Mediziner das Leben schwer macht. Zum einen äußern sich mancherlei Erkrankungen in Beschwerden im rechten Unterbauch, für die unser „Wurm" (so nennen langjährige Chirurgen ihn liebevoll) keinerlei Verantwortung trägt. Zum anderen kann der gar nicht liebenswerte Wurm seine Entzündung verschleiern, indem er die Beschwerden in eine andere Region des Bauches schickt. Also ganz so typisch scheint es eben mit den Schmerzen rechts unten auch nicht immer zu sein. Und leider, kein noch so kluger diagnostischer Apparat - man denke nur an die viel gepriesene Computertomographie (das Wort „Computer" allein weckt bereits höchste Erwartungen bei unseren modernen Zeitgenossen!) - kann da weiterhelfen! Wer soll daraus noch klug werden, fragen Sie sich? Bleiben Sie locker - nicht zuletzt heißt es ärztliche **Kunst**, und Ihr Wurmfortsatz wird auch im Falle eines Falles künftig dem Arzt und nicht dem Pförtner überlassen werden.

Besagte Kunst hat sich in den letzten beiden Jahrzehnten auch dahingehend weiterentwickelt, als dass die Unschädlichmachung des Wurmfortsatzes zunehmend per so genannter Knopflochchirurgie geschieht. Indem die bei dieser Methode in den Bauchraum eingeführte Kamera die gesamte Bauchhöhle ausleuchtet, bleibt der Blick des suchenden Chirurgen nicht auf die Region seines sonst gesetzten Schnittes begrenzt. Allerdings ist die „Knopflochmethode" auch kein Garant dafür, den Übeltäter Wurm in jedem Fall problemlos zu orten.

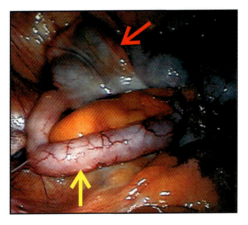

„Knopflochchirurgie": So sieht es aus, unser ominöses Anhängsel (gelber Pfeil) es entspringt aus dem oberhalb davon sichtbaren Blinddarm (roter Pfeil).

Schließlich - ebenso abenteuerlich wie die Mitteilung, der Wurmfortsatz sei nicht gefunden worden, dürfte für Alfred Pendix und seine Leidensgenossen etwa folgende Erklärung des Chirurgen nach der Operation sein: „Äh, wir haben Sie operiert, aber, äh, den Blinddarm konnten wir Ihnen nicht entfernen. Das müssen wir, äh in ein paar Monaten nachholen…". Zunächst - getreu unserer oben erläuterten regelmäßigen Verwirrung Nr. 1

meinte der Doktor natürlich den Wurmfortsatz, der nicht entfernt wurde! Aber - gefunden wurde er wohl dieses Mal, oder? Hatten die Leute im OP-Saal nun zum „Herausnehmen" des Wurmes einfach keine Lust mehr? Eine seltene Verlaufsvariante der Wurmfortsatzentzündung beschert den Betroffenen eine solche Situation. Der erkrankte Wurmfortsatz wird von umgebendem Gewebe eingehüllt und es bildet sich schließlich ein großer „Entzündungsklumpen", der Mediziner spricht von einem Infiltrat. Der Wurmfortsatz ist inmitten dieses Klumpens nicht mehr zu identifizieren und lässt sich somit auch nicht entfernen. Wird dieser Befund erst anlässlich der Operation entdeckt, behält Alfred somit trotz Operation seinen Wurm und er wird mit Antibiotika behandelt. Ob der Wurmfortsatz nach Rückbildung des „Klumpens" dann mit einer zweiten Operation nach einigen Monaten noch entfernt werden soll, darüber streiten sich die medizinischen Geister. Das Beste für Alfred und Co. in einer solchen Situation wäre es, wenn das Infiltrat, jener „Klumpen" also, schon vor dem Gang in den OP-Saal bekannt ist. Der Eingriff bliebe ihm dann (vorerst) erspart. Und häufig gelingt dies auch so. Hier hilft übrigens ausnahmsweise die oben so geschmähte moderne Computertomographie (CT) bei der Erkennung dieses „Klumpens" manchmal weiter. Und - solch ein Verlauf der Appendizitis mit Abkapselung der entzündeten Appendix hat manchem Patienten vor der Ära der modernen Chirurgie auch das Leben gerettet; im Gegensatz zu jenen Krankheitsgeschichten, wo die Appendizitis wie bei Friedrich Ebert ungehindert bis zur generellen Bauchfellvereiterung fortschritt.

Ach so, und was hat es mit Melanies angeblich „nachgewachsenem" Wurmfortsatz auf sich? Wurde ihr das am Rosenmontag gesagt und fällt somit unter die Rubrik eines Faschingsscherzes? Nun, seien Sie beruhigt, werter Leser! So weit geht die Freundschaft, sprich Ähnlichkeit unserer Appendix mit ihrem zoologischen Namensgeber (Regen-)Wurm, der für seine Möglichkeit bekannt ist, auch nach Zertrennen in seiner Mitte einen neuen Schwanz zu bilden, nicht! Glücklicherweise!

Aber mit dem Stichwort „in der Mitte durchtrennt" kommen wir Melanies Geheimnis von der zum zweiten Mal erforderlichen Blinddarmoperation schon auf die Spur! Dem böse entzündeten Wurmfortsatz wird nur wirklich der Garaus gemacht, wenn er im Ganzen, an seinem Ansatzpunkt am Blinddarm, also an seiner Basis, wie der Chirurg sagt, entfernt wird. Und das gehört natürlich zum Standard dieses stets im OP-Saal und nicht in der Pförtnerloge durchgeführten Eingriffes! Und wenn nicht? Wenn er also irgendwie „mittendrin", zumindest nicht an seiner Basis, entfernt wurde? Dann kann sich der verbliebene Stummel in der Tat wieder entzünden und die erneute „Blinddarmoperation" erforderlich machen. Ob es bei Melanie so war?

Ein derartiger Tatbestand, zurückzuführen auf erhebliche Entzündungsfolgen und technische Probleme bei der Behandlung eines solchen „Wurmes", bleibt ebenso die absolute Rarität wie Alfreds nicht gefundener Wurmfortsatz. Und trotzdem, nochmals nachgebohrt - wo verbirgt sich nun der Wurm des Patienten Pendix wirklich? Da kontaktieren Sie am besten Dr. Emsig auf seiner Internetseite www.meine-besonderen-faelle.de. Ein weiterer nützlicher Link könnte auch der achte Behandlungstag, respektive Kapitel acht unseres Buches sein!

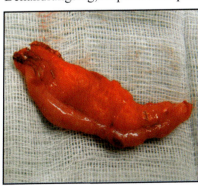 

Links: Der Wurmfortsatz ist entfernt und wird samt seinem Gekröse gleich zur Gewebsuntersuchung in Formalin verbracht.
*So absurd ist die Bezeichnung als „**Wurm**fortsatz" gar nicht - rechts ein Regen**wurm**.*

Eingestuft ab Behandlungstag **zwei** als:

Patient 1. Klasse

Der Chefarzt - Idol in deutschen TV-Kultserien - Klausjürgen Wussow alias Chefarzt Professor Brinkmann links im Bild.

Gerade spürte er sie wieder, die Beule an seinem Rücken. Die Entzündung, die das pflaumengroße Ding seit Monaten immer öfter befiel, war zwar wieder einmal abgeklungen. Aber das „Atherom", wie sein Hausarzt dazu sagte, „Grützbeutel" nannte er es auf Deutsch, müsse chirurgisch entfernt werden. Sonst käme keine Ruhe herein, erklärte Dr. Allgemein seinem Patienten Bernd Besonders.

Diese Aussicht begeisterte den 40jährigen Kleinunternehmer zwar nicht sonderlich. Doch war es ja schließlich keine schwere Operation, die ihm bevorstand. Außerdem, wurde ihm in diesem Zusammenhang sofort klar, hatte er sich ja erst kürzlich bestens privat versichert. Sein Bekannter, der beflissene Versicherungsvertreter Heinz Schwätz, hatte ihn davon überzeugt. So sollte ihm dieses Versicherungsschnäppchen also jetzt schon zugute kommen. Denn - in der Police war ja das Recht auf Chefarztbehandlung mit fetter kursiver Schrift hervorgehoben. So würde gewiss alles viel glimpflicher ablaufen.

Also saß er nun im Krankenhaus vor der Tür von Chefarzt Dr. Gewichtig, denn dieser war ihm von seinem Hausarzt empfohlen worden. Empfangen hatte ihn eine gut gestylte Sekretärin, deren Sexappeal sicher eine erste positive Erfahrung für den in der Regel verängstigten Patienten darstellte. Er solle Platz nehmen und sich kurz gedulden, flötete die freundliche Person ihm zu, dabei seinen Überweisungsschein und die Chipkarte seiner Privatassekuranz „Krankenversicherung für Gesunde" an sich nehmend.

Nun saß er hier, bei all seinem Leid dennoch recht glücklich, denn es schien ja alles bestens seinen bevorzugten Gang zu gehen. Apropos Gang - jenseits des langen Krankenhausflures war die Notfallaufnahme und in der verbleibenden Wartezeit hatte Besonders Gelegenheit, dem regen Treiben vor dieser den Kassenpatienten reservierten Stelle zuzuschauen. Dabei erwischte er sich kurz bei dem Gedanken, dass er schon etwas stolz war, eben doch den privilegierten Patienten anzugehören und nicht jenen bemitleidenswerten Kunden von AOK und Co., an denen sich jeder Arzt vergreifen durfte. Plötzlich schreckte er jedoch hoch, und sein Stolz schlug in Mitleid um. Erblickte er doch dort seinen sympathischen Nachbarn Franz Artig, der in der Reihe der Wartenden saß. Der schien ihn auch schon entdeckt zu haben und winkte ihm erleichtert zu. Da es bei Artig noch eine ganze Weile dauern dürfte, stand dieser auf und kam zu Besonders herüber, der noch vor der Tür des Chefarztes wartete. Ganz klar, dass man sich mit einem kurzen „Was machen Sie denn hier..." über den Anlass seines Hierseins austauschte. Und schmunzelnd stellten beide fest, dass sie das gleiche Problem hatten. Auch bei Artig hatte sich eine Talgdrüse verstopft - der bei ihm nun gleichermaßen häufig infizierte Grützbeutel musste ebenfalls entfernt werden. Nachdem sie sich gegenseitig alles Gute gewünscht hatten, reihte sich Artig wieder in den Pulk der wartenden Kassenpatienten ein.

Für Besonders öffnete sich gleich danach die Tür des Chefarztzimmers, auf der außer dem obligatorischen Doktortitel noch viele weitere Bezeichnungen vermerkt waren, mit denen er nicht unbedingt etwas anfangen konnte. Endlich stand er der

Koryphäe gegenüber. Besonders wurde untersucht und das vom Hausarzt vermutete Erfordernis eines Eingriffes wohlwollend bestätigt. Schnell war man sich einig - der nächste freie Termin des Chefarztes war in einer Woche, dann sollte der ambulante Eingriff erfolgen. Einen Aufklärungsbogen bekam er in die Hand gedrückt. Obwohl er gehofft hatte, schon morgen oder übermorgen die Sache hinter sich bringen zu können, verließ er beglückt die Räumlichkeit des leitenden Mediziners und seiner hübschen Mitarbeiterin.

An der Notaufnahme traf er erneut auf Artig. Dieser raunte ihm im Vorbeigehen zu, dass es bei ihm ein bisschen dauern würde. Aber eine Schwester habe ihm kurz angedeutet, dass der Dienst habende junge Arzt die Sache ihm wahrscheinlich sogar heute entfernen würde. Nun gut, so warte er also noch...

Ich werde dafür vom Chefarzt behandelt, versuchte sich Besonders selbst zu trösten, als er darüber nachdachte, dass er eigentlich auch lieber heute seinen Grützbeutel loswerden würde. Nun, umso besser kann er sich auf die kleine Operation am nächsten Mittwoch 11 Uhr einrichten. Von seinem Nachbarn Artig hörte er in den nächsten Tagen nur so viel, als dass die Sache gar nicht so schlimm gewesen wäre. Lediglich ein großes Pflaster am Rücken erinnere ihn noch an sein Ungemach. Die Heilung mache gute Fortschritte und die befürchtete Infektion nach Ausschälen des Talggebildes sei ausgeblieben.

Getrost begab sich Besonders eine Woche später zu seinem Operationstermin. Die wieder adrett geschminkte Dame im Vorzimmer des Chefarztes empfing ihn freundlich, machte ihn aber sogleich darauf aufmerksam, dass der Chefarzt derzeit leider noch verhindert sei, eine große OP dauere länger als erwartet und er sei durchaus noch zwei bis drei Stunden verhindert. Freundlich verwies sie auf die nahe gelegene Cafeteria, und vergaß dabei, dass er ja vor dem Eingriff nichts essen oder trinken sollte. Wieder ging er vorbei an den Kassenpatienten vor der nahen Notfallaufnahme. Und er machte sich klar, dass es natürlich selbstverständlich für ihn war, die Verzögerung in Kauf zu nehmen, ging es ja schließlich um das Wohl eines anderen Patienten, um den sich der Chefarzt gerade bemühte. Vielleicht war dieser zufällig Klient derselben Versicherung wie er und verfügte über eine ähnliche Sorglos-Police, wie sich die von ihm gewählte nannte.

Nach zwei Stunden wagte er es dann, vorsichtig an der Tür der netten Sekretärin zu klopfen. Prompt öffnete sie und machte ihm einen Vorschlag, den ihr der immer noch operierende Chefarzt gerade per Telefon durchgesagt hatte. Er würde den ihm unterstellten Dr. Wirksam bitten, den Eingriff vorzunehmen. Herr Besonders könne sich in einer Woche beim Chefarzt zum Entfernen der Fäden gern nochmals vorstellen. Das Zähneknirschen unterdrückte unser Besonders gekonnt, betörte ihn doch weiter das Lächeln von Frau Rouge, der charmanten Sekretärin des verhinderten Chefarztes. Still fügte er sich in alles Weitere und der Eingriff, der nun nach Herbeirufen von Dr. Wirksam rasch vorbereitet wurde, war nach einer knappen halben Stunde gut überstanden.

Ähnlich wie bei Artig, seinem etwa gleichaltrigen Nachbarn, verlief auch bei ihm alles bestens und der Chefarzt persönlich entfernte ihm eine Woche später die Fäden aus der gut verheilten Wunde, die langsam zu jucken begann. Wenn dies der Fall sei, würde es laut Volksmund ja heilen, hatte Dr. Gewichtig dabei sinnigerweise noch bemerkt. Beim Abschiedshandschlag drückte der sympathisch erscheinende Mediziner ihm noch einen Briefumschlag in die Hand. Besonders wusste schon - es wird die Rechnung sein. Aber diese würde ja seine Versicherung übernehmen. Der Zufall wollte es, dass er am Abend seinen Nachbarn traf. Wie kernige Deutsche nach vollbrachter Heldentat tauschte man sich aus. Einzelheiten des Erduldens der Betäubungsspritze wurden ebenso zum Besten gegeben wie das tapfere Ertragen der Schmerzen nach dem Abklingen des Betäubungsmittels. Schließlich wollte Besonders natürlich noch wissen, wer seinen Nachbarn, den Kassenpatienten, operiert hätte. Artig überlegte kurz, hatte er doch Schwierigkeiten, sich Namen zu merken. Schließlich schien es ihm aber wieder einzufallen und seinem Leidensgefährten mit einer Bierflasche zuprostend sagte er über den Gartenzaun: „Es war wohl ein Dr. Wirksam oder so..."

„Möchten Sie Patient 1. Klasse sein?" Ein derartiger Werbeslogan, so auch in einem deutschen Internetportal, ist gar nicht mehr die Ausnahme! Patient erster Klasse, zweiter Klasse, dritter...? Bei der deutschen Reichsbahn gab es früher vier Klassen - die vierte mit spartanischen Holzbänken in Waggons, die eher Güterwagen glichen. Wird solch eine „Klassifizierung" wirklich kommen oder gibt es sie schon? Zu Klasse 1 gehören laut entdecktem Internetportal demnach „Selbständige und Freiberufler". Gehört der biedere Angestellte noch in Klasse 2 oder muss er sich zusammen mit dem Rentner mit Klasse 3 begnügen? Noch einen Zacken schärfer als die Propagierung von Klassen ist die ebenfalls in Werbeunterlagen suggerierte Grundmeinung, um im Krankenhaus „sicherer" zu sein, müsse man vom Chefarzt behandelt werden. Ganz und gar auf das Gemüt des „Normalpatienten" dürften Verlautbarungen schlagen, dass spätestens dann, wenn es um Leben oder Tod ginge, alles von der Chefarztbehandlung abhinge... Die X-Klassen-Medizin - hebt sie etwa den altbekannten Tatbestand, dass vor Gevatter Tod alle gleich sind, doch auf? Schließlich ist ja Krankheit so eine Art Vorstadium des Todes. Letztendlich: haben politische Stimmen, die vor einer Zweiklassenmedizin warnen, doch mehr als nur populistisches Gewicht?

Die sächsische Preßnitztalbahn demonstriert uns: Den Reichsbahnwaggon 1. Klasse (li.) und den Reichsbahnwaggon 4. Klasse (re.).

Die hier so pointierte Zwei- oder Mehrklassenmedizin hängt in Deutschland im Wesentlichen von den zwei Begriffen „gesetzlich" und „privat" ab. Das Heer der gesetzlich

Krankenversicherten, von unserem Bernd Besonders herablassend als „Kassenpatienten" bemitleidet, macht etwa 90 Prozent aller Deutschen aus. Sie unterliegen den Bestimmungen des Sozialgesetzbuches V, welches unter anderem die dem Patienten zustehenden Maßnahmen auf das „Maß des Notwendigen" beschränkt. Zehn Prozent dagegen sichern sich in Sachen Krankheit privatrechtlich bei einer Assekuranz ab. Zugang dazu haben sie in der Regel dank höherer Einkommen. Die von den Versicherungen erkauften Wahlleistungen beinhalten so, neben anderen, meist den Anspruch auf privatärztliche Behandlung durch den Chefarzt. Den Anspruch auf Wahlleistungen können sich allerdings auch „Gesetzliche" mittels Abschluss einer Zusatzversicherung erwerben. Übrigens gibt es in dieser Hinsicht nach wie vor eine klare Grenze zwischen den alten und neuen Bundesländern. Während in den „alten" relativ viele Privatpatienten einer Chefarztgilde ermöglichen, bei den Besserverdienenden ordentlich abzusahnen, und ganze Stationen einschließlich der „1. Klasse" vorbehalten sind, ist dies in den „neuen" eher die Ausnahme, dürfte die Zahl also deutlich unter zehn Prozent liegen - die Ärzteschaft ist im Osten folglich meist auf die „Gesetzlichen" und deren von den Krankenkassen reglementierte vierteljährliche Abrechnungen angewiesen.

Der Autor möchte bewusst aber eine Lanze für das deutsche Gesundheitssystem, also auch das des „gesetzlichen" Patienten, brechen. Warum? Immer wieder loben Patienten, die im Ausland vorbehandelt wurden, das verlässliche deutsche System. „Endlich in einem deutschen Krankenhaus...", so äußerte ein Urlauber, der aus einem Mittelmeerland zurückgekehrt war. Und man sollte festhalten, dass - entgegen landläufiger und oft noch von den Medien geschürter Meinung - eine hochkarätige nötige medizinische Behandlung, z. B. eine Krebstherapie, oder eine erforderliche Behandlung mit der künstlichen Niere in Deutschland keinem Patienten vorenthalten oder qualitativ geschmälert angeboten wird!

„Chefarztbehandlung" ist nur ein Aspekt, der den Privatpatienten vom Gesetzlichen abhebt oder scheinbar bevorzugt. Es sind noch andere Gesichtspunkte, die den Gesundheitskunden 1.

Klasse so privilegiert erscheinen lassen. Das Einzelzimmer sowie keine oder verkürzte Wartezeiten auf Termine gehören dazu. Es fragt sich aber, ob das Einzelzimmer wirklich immer der geeignete Ort für den Erstklässler ist, der sonst vielleicht Geselligkeit liebt. Unter Umständen ist ihm der angenehme Mitpatient im Zweibettzimmer für die Genesung zuträglicher als das sterile Einbettzimmer, in dem nur die zu medizinischen Verrichtungen erscheinenden Schwestern und Ärzte etwas Abwechslung bringen. Letztlich kann sich heutzutage auch der Kassenpatient derartigen Komfort dazukaufen. Verlockend wird es für den „Privaten" dadurch, dass die dem „Gesetzlichen" aufgebürdeten Zuzahlungsleistungen entfallen - ein allerdings letztlich zynischer Tatbestand, könnte er es sich doch als „Besserverdienender" wahrscheinlich am ehesten leisten, etwas dazuzuzahlen. In der Tat lehnen immer mehr „Gesetzliche" die nötige stationäre Behandlung ab - nicht etwa aus Angst vor den Spritzen oder anderem drohenden Ungemach im Klinikum - die geforderte Zuzahlung ist von ihnen einfach nicht zu schultern und sprengt ihr Monatsbudget völlig! Also doch Mehrklassenmedizin!?

Hinterfragen wir jetzt aber ein Kernprivileg des Patienten 1. Klasse! Chefarztbehandlung als möglicher Bestandteil des Behandlungsvertrages des „Privaten" - Ungerechtigkeit für den scheinbar benachteiligten „Gesetzlichen" oder nur Humbug? Eine „Schwarz-Weiß-Wertung" wird hier gewiss nicht möglich sein. Es schließen sich sogleich weitere Fragen an, welche da wären: Ist die Chefarztbehandlung wirklich immer besser? (die beiden Gartennachbarn in unserer Geschichte belehren uns da ja in gewisser Weise…). Oder, beschränkt sich die Exklusivität der Behandlung beim im deutschen Gesundheitssystem immer noch zum „Zeus" hochstilisierten Chefarzt nicht letztlich auf äußere Abläufe einschließlich der zu begleichenden Privatrechnung? Und auch: Lässt sich der Chefarzt (wie bei Bernd Besonders) nicht oft sogar vertreten? Oder: Sollte es um die Moral in deutschen Kliniken wirklich so bestellt sein, dass sich der Chef tatsächlich vordergründig für den zahlungskräftigen „besseren Patienten" interessiert? Nicht nur böse Zungen behaupten ja, dass ein typisch (west)deutscher Chefarzt nahezu seine ganze Zeit den Privaten widmet. Das daraus fließende Einkommen übersteige das sowieso automatisch noch laufende Angestelltengehalt spielend. Immerhin ist das so genannte Recht auf Privat-Liquidation Bestandteil seines Chefarztvertrages! Mit einem weiteren historischen Beispiel gelangen wir wieder in die Zeit unseres im Vorkapitel zitierten Reichspräsidenten der Weimarer Republik. Ein Jahr vor seinem tragischen Tod, nämlich 1924, ereilte den Industriellen Hugo Stinnes ein ähnliches Schicksal. Er starb an den Folgen einer damals durchaus noch schwierigen Gallenoperation. Überliefert ist, dass danach der Operateur, eine Koryphäe jener Zeit, der Witwe des Industriellen eine Rechnung über 150 000 Reichsmark an Behandlungskosten schickte, die jene auch anstandslos beglich. Und weitere Fragen zu unserem Thema: Ebnet gar der Spleen des spießigen deutschen Patienten, der nach seiner Genesung am Biertisch damit auftrumpfen muss, natürlich vom Chefarzt behandelt worden zu sein, der allzu deutschen Sortierung in „gesetzlich" und „privat" den Weg? Und schließlich, anders herum gefragt: Ist es einem Unternehmer, einem Geschäftsführer, einem Prominenten wirklich zuzumuten, sich in eine Warteschlange von Kassenpatienten einzureihen? Ergo - haben die Leistungsträger unserer Gesellschaft da nicht Komfortableres verdient…?

Eine Reihe von Folgefragen also, für die es keine pauschalen Antworten gibt! Antworten geben allerdings mitunter die Gerichte. Zumindest hinsichtlich pekuniärer Belange. Nicht vom Chefarzt persönlich behandelt zu werden, dann aber Chefarztgebühren zu bezahlen, und diese lassen sich aufgrund des Abrechnungssystems für Private kräftig dehnen - dies könnte Bernd Besonders durchaus beanstanden. Urteile deutscher Gerichte befassten sich mit dieser Materie und würden hier dem klagenden Besonders anstandslos Recht geben.

Verfolgt man die Firmenphilosophie moderner deutscher Kliniken, so hat man den Eindruck, dass man sich dort zunehmend von der Chefarztbehandlung einschließlich deren finanzieller Extravaganzen als einem alten Zopf verabschieden möchte. Interessanterweise gebieten dies der Konkurrenzdruck und

Gewinnstreben. Man will ja verdienen - und Hauptklientel sind eben 90 Prozent Kassenpatienten und nicht die anderen zehn Prozent! Und hier gehen Gewinnstreben der modernen Kliniken und Patientengewinn (im gesundheitlichen Sinne) durchaus auch einmal konform. Kurioserweise kommen wir nochmals zur guten alten Reichsbahn. Die anfangs erwähnte 4. Klasse fiel 1928 weg, auch die 3. Klasse wurde nach dem Krieg liquidiert - warum? Aus Kostengründen! Die Unterhaltung mehrerer Klassen lohnte sich nicht mehr. Zurück zum deutschen Patienten: Als weitere Anwälte auch des „Gesetzlichen" entpuppen sich zunehmend die ständig an Bedeutung gewinnenden Qualitätssicherungssysteme der Krankenhäuser. Immer mehr Leitlinien zur Behandlung bestimmter Erkrankungen sollen Therapieergebnisse verbessern. Erarbeitet werden Leitlinien von verschiedenen Instanzen und Organisationen, so auch der Bundesärztekammer oder ärztlichen Berufsverbänden. Entsprechende Papiere der Arbeitsgemeinschaft der Wissenschaftlichen Medizinischen Fachgesellschaften gehen bis ins Detail und fordern auch operationstechnische Einzelheiten. Und vor derartigen Anforderungen sind alle Patienten gleich. Es gibt also keine Behandlungsleitlinien für „Gesetzliche" und solche für „Private".
Der Chefarzt nun, der medizinische Leiter einer Abteilung, verantwortet die Einhaltung derartiger Leitlinien und die Durchsetzung moderner Aspekte der Qualitätssicherung. Besonders qualifiziert ist er als Chefarzt, wenn es ihm gelingt, alle seine Mitarbeiter - von seinem Vertreter bis zum jüngsten Assistenzarzt - in dieses System der Realisierung einer hochqualitativen und sicheren Medizin einzubinden. Kranke in der Abteilung eines solchen Chefarztes sind in der Tat alle …
Patient 1. Klasse.

Verwirklicht am Behandlungstag **drei**:

Vom Ich zum Wir

"Vom Ich zum Wir!" Dass ich diesen hehren Grundsatz, der das Allgemeinwohl vor das Eigenwohl stellt und der das Motto von Idealisten vieler Couleur sein dürfte, so hautnah und direkt verwirklicht sehen würde, macht mich noch heute sprachlos. Dass einmal alle Menschen Brüder sein würden, werden ja zumindest die Verehrer von Beethovens Neunter („Freude schöner Götterfunken..." - Sie erinnern sich?) erhoffen. Ich aber durfte mich mit etlichen, mir bis dahin völlig unbekannten Personen spontan verbrüdern, ohne Vorbereitung, ohne große Umstände - voriges Jahr im Sommer. Anlässlich meiner unerwarteten Einlieferung in ein deutsches Krankenhaus. Lassen Sie mich berichten!

Das Ereignis kam plötzlich und unerwartet über mich. Da es mir von einer auf die andere Stunde schlecht ging, kam meine bessere Ehehälfte auf die einzig richtige Idee, einen Notarzt zu rufen - dieser würde mich ja umgehend in ein Krankenhaus bringen. Wenige Minuten nach dem Anruf unter der Nummer 112 hörte ich, wenn auch etwas verzerrt, das Signal des herzueilenden Rettungswagens. Als erstes bekam ich einen jungen Sanitäter zu Gesicht. Ungeniert fragte er mich: „Na, wie heißen wir denn?" Automatisch hauchte ich ihm meine Daten ins Ohr, um aber gleichzeitig seinen Namen zu erfragen, hatte er doch von uns beiden gesprochen. „Ich bin der Rettungssanitäter Rene Flink", schoss es prompt aus seinem Mund.

Kaum auf die spartanische Trage im Rettungswagen gepackt, wurde ich zu einer Drohgebärde verleitet. „Wir machen eine Faust", hieß es, und ehe ich mich versah, hatte ich eine Nadel im rechten Arm, über der dann rasch ein Tropf baumelte. Ob er selbst auch drohte, bekam ich leider nicht mehr mit, zumindest sah ich ihn aber nicht die Faust ballen...

"Wir machen eine Faust!" Geht mit der Krankenhausaufnahme nun ein psychologisches Gerangel zwischen Patient und Personal los?

In der Notaufnahme des Krankenhauses angekommen, wurde ich dort auf eine Liege verfrachtet. Wieder wurden wir von der Schwester nach unserem Namen gefragt, bloß dass jene mir dieses Mal den ihren nicht kundtat. Dass der rasch herbeigeeilte Arzt auch nicht ganz gesund war, sah man ihm gar nicht an, fragte er mich doch: „Na, was haben wir denn für Beschwerden...?" Natürlich hielt ich es für respektlos, konkret nach den seinigen zu fragen; getreu schilderte ich ihm aber meine Probleme. Dass „wir nun eine Labor- und überdies auch noch eine Röntgenuntersuchung machen müssten", hielt ich ja auch für erforderlich; ich hoffte nur, dass sie auch ohne mein Zutun zustande kamen, hatte ich von den medizinischen Dingen ja wirklich keine Ahnung.

Das Team, das mich betreute, war wirklich auf Zack. Schon bald wusste ich, was mir fehlte, überdies brachte ich noch in Erfahrung, woran der leger wirkende Arzt litt - es war zufällig auch mein Leiden. Scheinbar ohne peinlich berührt zu sein, tat er mir doch kund: „Hm, wir leiden an einer schmerzhaften Hodenverdrehung". Rasch richtete er mich aber wieder auf, indem er mich tröstete: „Das kriegen wir schon wieder hin. Wir machen eine kleine Operation und nehmen dann noch ein paar Tabletten ein. Und in vier bis fünf Tagen werden wir wieder zu Hause bei Muttern sein...". Na also, es schien ja gar nicht so *schlimm auszusehen. Insgeheim bedauerte ich jetzt sogar den Doktor, der ja wohl die vier oder fünf Tage mit mir im Krankenhaus verweilen müsste. Ich hoffte nur, dass ich ihm bei der Operation nicht helfen musste und seine und meine Tabletten nicht verwechselt würden - es sei denn, wir beide bekämen die gleichen.*

Da die Operation keinen Aufschub duldete, beauftragte man Pfleger Axel, mich umgehend in die OP-Abteilung zu bringen. Locker tat dieser nun seinen Dienst an mir. Fast reimendpoetisch klang sein „Wen haben wir denn hier?", als er mit Schwung meine Trage Richtung Fahrstuhl schob. In der schneidenden Abteilung angekommen, erwartete mich schon die Anästhesistin, die mir sofort klarmachte, wie gut wir bald schlafen würden, um dann gar nichts mehr zu merken. Als sie mir aber resolut zu verstehen gab „Nun werden wir bald müde und denken an was Schönes", kam ich gar nicht mehr dazu, sie zu fragen, woran sie denn denken wolle, weil mir die Narkosemaske eine derartige Äußerung abrupt vom Munde abschnitt.

Die Narkose - eine herrliche Erfindung. Ein Lob jetzt noch auf Mr. Morton, jenen Zahnarzt, der erstmals seine Patienten schlafen schickte. Ich erhielt wahrscheinlich Lachgas, denn zusätzlich zum Schlaf bescherte mir die Anästhesistin gemäß ihres Wunsches recht lustige Träume. Darin ging es ziemlich durcheinander zu. Noch jetzt höre ich meine Traumpartner reden. Als Erstes schien eine freundliche Stimme zu mir zu sagen: „Wir werden das Kind schon schaukeln". War es nicht Max von der Grün, der aus seinem Roman »Stellenweise Glatteis« vorlas? „Da haben wir die Bescherung", antwortete ich dem gewiss sozial denkenden Autor wohl eher etwas skeptisch in meiner Traumwelt.

„Wir wollen sein ein einzig Volk von Brüdern, in keiner Not uns trennen und Gefahr...", schien mir Wilhelm Tell plötzlich zuzurufen auf dem Rütli, den ich erst vor wenigen Wochen bereist hatte.

Gemeinsam mit Deutschlands glorreichem Kaiser Wilhelm II. sah ich mich auf einer verschwommenen Tribüne stehen, als er anfing zu reden: „Wir, Kaiser von Gottes Gnaden, geben be-

kannt...". Leider verschwand das, was er gemeinsam mit mir dem Volk kundtun wollte, wieder im Nebel des wunderbaren Narkosetraums.

Klarer wurde es mir wieder um mein Traumgemüt, als ich mich inmitten einer euphorischen Menge ein „Wir sind das Volk!" skandieren sah und damit wohl ausdrückte, dass ich mich wohlig in einer großen Gemeinschaft des "Wir" aufgehoben fühlte.

Um so alptraumhafter war das Erwachen. Schmerzen waren da. Aber, wieder aufgenommen in die Gemeinschaft wacher Menschen, hörte ich eine Schwester erläutern: „Wenn es zwickt, können wir hier den Knopf an der Schmerzpumpe drücken..." Sie schob mir auch etwas in die rechte Hand und sofort betätigte ich das runde Ding, schien aber der Einzige zu sein. Endlich trat Wohlbehagen für mich und meinen gebeutelten Körper samt Gemüt ein, etwas blieb ich wohl noch im Dusel. Dennoch meinte ich plötzlich wahrzunehmen, dass meine Arme ans Bett gefesselt waren und wie eine schrille Stimme neben mir sagte: „Die Hände lassen wir unten!" Dabei war es mir doch, als erkenne ich schemenhaft, wie die Inhaberin jener Stimme ihre Hände hob, um ihr Haar zu ordnen.

Als sich bei mir ein bestimmtes Bedürfnis einstellte und ich die Toilette nebenan aufsuchen wollte, gelang es mir tatsächlich, mich zu befreien und das Bett zu verlassen. Jäh schreckte mich jene Stimme wieder auf „Wir gehen aber ins Bett und legen uns fein hin." Nun gut - warum nicht ins Bett gehen mit ihr. Doch halt - in meinem Tran hatte ich es ja vergessen, dass nicht meine so geliebte Frau mich gerade dazu aufgefordert hatte. Um so mehr erschrak ich, als ich unvermittelt jener Stimme ins Angesicht blickte. War es doch nicht meine jetzt gerade so sehr herbeiersehnte Gattin, sondern Schwester Emma, die Seniorin, die mit ihren 76 Jahren freundlicherweise noch die Schwesternengpässe in der Urlaubszeit zu überbrücken half...

Der Gang ins Krankenhaus stellt eine mehr oder weniger starke Ausnahmesituation im Lebensablauf jedes Betroffenen dar. Empfindet der eine dies dabei vielleicht nur als etwas „Besonderes" oder etwas „Gewöhnungsbedürftiges", entwickelt sich der gleiche Umstand für den anderen zum psychologischen Supergau. Letzteres dürfte besonders für den Betuchten, für den Intelligenten, für den Empfindsamen der Fall sein. „Otto Normalverbraucher" erweisen sich dabei möglicherweise als robuster - sie sind vom Leben gewiss schon mehr gebeutelt worden als Behütete der Oberschicht und empfinden den Gang in die Klinik als nicht so absurd wie diejenigen, die es gewohnt sind, mit Geld alles zu bekommen.

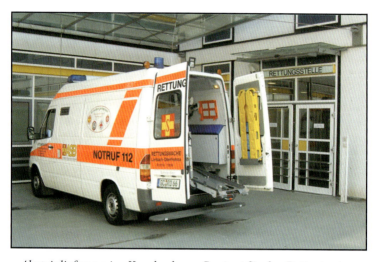

Akuteinlieferung ins Krankenhaus: Beginnt für den Patienten jetzt ein „psychologischer Supergau"?

Wie auch immer, wer als Patient das Krankenhaus aufsucht, macht unter Umständen, anfänglich eher unbewusst, sehr rasch eine erhebliche Metamorphose durch. An sich, an seiner Persönlichkeit, an seiner Psyche. Je rascher, also akuter und unerwarteter seine Aufnahme in die Klinik erfolgt, umso brutaler und beeindruckender vollzieht sich dabei jener Vorgang. Und wiederum je gewichtiger seine Person im Berufsleben oder im privaten Umfeld ist, umso gewaltiger wird ihm jene Umwandlung erscheinen. Im Berufsalltag ist er vielleicht der herumschnauzende Chef oder der alles bestimmende Vorarbeiter. Als Patriarch mag er sich in seiner Familie aufführen oder als Despot in seinem Verein. Hier im Hospital nun wird er in der Notsituation, beim Katheterlegen oder nach der Operation zum Kumpel aller, die ihm überdies noch das sonst von ihm so gemiedene „Du", hier also in Form des alles gleichmachenden „Wir", überstülpen.

Es kommt uns also zunächst vor wie eine furchtbare Unsitte, und möglicherweise rutscht es den Mitarbeitern von Station, Notaufnahme und Co. immer wieder heraus - dieses „Wir". Psychologen hätten dabei gewiss ihre eigene Deutung der Situation. Wie empfindet der Patient solch ein „Wir", das ihm, dem erfahrenen, dem gebildeten, reifen Zeitgenossen unter Umständen schon vom blutjungen Rettungssanitäter als Erstes entgegengeschleudert wird?

Sehr oft wird über das Arzt-Patienten-Verhältnis, weniger oft auch über das Schwestern-Patienten-Verhältnis geschrieben, geredet, gelehrt. Meist geht es um Fragen des Vertrauens, die Krankheit des Patienten und seine Behandlung betreffend. Auch in kommerzieller oder juristischer Hinsicht wird das Verhältnis zwischen den beiden Parteien oft bemüht und ist Gegenstand mannigfaltiger Ausführungen.

Bei unserer „Wir"-Geschichte (die sich ja täglich tausendfach in Deutschlands Kliniken wiederholt) geht es dagegen um den zutiefst menschlichen Teil jener Beziehung zwischen Patient und Therapeut oder Helfer. Wie stellt sich jener menschliche Aspekt dar? Dazu gibt es gewiss viele Nuancen. Beginnen wir beim Patienten. Auf seiner Seite sammeln sich Befindlichkeiten wie Angst, Ungewissheit, manchmal auch Neugier, häufig Unsicherheit, Befangenheit oder das Gefühl von Ohnmacht, des Überrumpelt Werdens, manchmal auch Ahnungslosigkeit, Erstarrung, natürlich auch Hoffnung, Vertrauen, Loslassen… Die Palette ließe sich beliebig fortsetzen. Dass unser Beispielpatient namenlos ist, hat auch seine Bewandtnis. Er wird im Krankenhaus oft weitestgehend anonym bleiben, auch wenn Chipkarte oder Einweisungsschein seine Daten exakt wiedergeben und er womöglich eine bekannte Person in seinem Stadtteil ist. Die menschlichen Befindlichkeiten seines Gegenübers im Klinikum, des Arztes, Pflegers oder der Schwester, dürften ebenfalls sehr unterschiedlich sein. Sie zu ergründen, stellt ein noch schwereres Unterfangen dar. Ist es Mitleid? Resultiert daraus ein aktives Hilfsbedürfnis? Ist es eher Gleichgültigkeit? Ist der Patient eher Objekt, dem gegenüber man entsprechend des Gelernten zwar medizinisch korrekt auftritt, wobei Emotionen aber außen vor bleiben? Manch im Gesundheitswesen Tätiger mag sich gelegentlich bei dem Gedanken erwischen, froh zu sein, nicht selbst in der prekären Lage zu stecken wie der ihm Anvertraute, der leidende Patient. Nicht ganz von der Hand zu weisen ist aber auch die Vorstellung, dass der eine oder andere Helfer in die Versuchung gerät, eine gewisse Machtstellung gegenüber seinem hilflosen Klienten zu empfinden, wenn auch mehr unbewusst! Besonders dominanten Charakteren unter den Krankenhausbediensteten wird es nicht unangenehm sein, hier mal andere „nach ihrer Pfeife tanzen zu lassen…".

„Ausnahmesituation Krankenhaus" - bereits die Konzentration von Technik (links im OP-Saal, rechts im Automatenlabor) mag manchem Patienten Angst machen…

Das Benutzen des von uns hier vorerst als recht unflätig empfundenen „Wir" sollte man nicht pauschal und voreingenommen Letztgenannten in die Schuhe schieben. Erstens wird es oft vom gesamten Personal ge(miss?)braucht. Zweitens hat unser geschmähtes „Wir", wie so vieles im Leben, wohl auch zwei

Seiten. Einmal könnte es durchaus die freundliche, kumpelhafte oder Zuwendung spendende Note sein - denken Sie an Rettungssanitäter Flink, der in unserer Begebenheit diesen Eindruck erweckt. Oder stellen Sie sich den Arzt vor, der in echtem Bemühen und mit menschlicher Wärme dem Kranken Mut macht, etwa so vielleicht: „Das werden **wir** schon hinkriegen. Wir werden die Entzündung schon rasch in den Griff bekommen…". Diese Art von Mediziner, der sich noch dazu in die Problematik des Patienten „hinein beißt" und vielleicht sogar schlecht schläft, wenn die von ihm durchdachte Therapie nicht so greift wie erwartet, dürfte mit seinem „Wir" eher einen guten, vorteilhaften Eindruck machen. Denn - sein „Wir" ist ein echtes „Wir" - er selbst ist, auch emotional, aktiv an der Angelegenheit des Patienten beteiligt. „Vom Ich zum Wir" - dieser unser Kapitel-Slogan ist hier wohltuende Realität geworden.

Eine andere Note vermittelt Schwester Emma. Eine bedrohliche oder Angst machende könnte es sein, oder die des bevormundenden Oberlehrers. Ihr „Wir" ist keinesfalls ein solches! Denn sie muss nicht „den Knopf der Schmerzpumpe betätigen", sie muss nicht unbedingt „die Hände unten lassen"; und sie muss erst recht nicht sich zu unrechter Stunde „ins Bett legen und fein liegen bleiben…".

Unser karikiertes „Wir" - es macht aber nicht die eigentliche „Unsitte", dieses Prädikat hatte es oben erhalten, aus. Auf das menschliche Verhalten insgesamt, den Charakter, das Feingefühl, das dem Hilfsbedürftigen in der „Ausnahmesituation Krankenhaus" mit Wärme, Taktgefühl, aber auch mit Kompetenz begegnet, kommt es an! Wie ein roter Faden fängt dies unter Umständen schon beim Rettungssanitäter an, geht über Aufnahmearzt, Nachtschwester und viele andere bis hin zur Dame in der Krankenhaus-Cafeteria. Und hier, in der Persönlichkeit des Personals, liegen aber auch die Grenzen, dies zu beeinflussen. Zwar spielen heutzutage Behandlungsrichtlinien, Qualitätsmanagement und andere den Maßstab geleisteter medizinischer Arbeit berührende Begriffe eine wichtige Rolle in jeder Klinik. Dennoch - welches Seminar, welches Schulungsprogramm, welcher Studiengang bringt Menschen dazu, als

Mensch wirklich topfit zu sein? Und das gegenüber den ihm Anvertrauten in eben jenem Ausnahmezustand? Zwar suggerieren uns Japaner vielleicht, in jeder Situation das passende Lächeln aufzusetzen. Oder amerikanische Personalberater stylen ihre zu schulenden Mitarbeiter zu Supermen für jede Situation. Aber lassen Kostendruck, immer mehr auszufüllende Dokumente, so auch Pflegeprotokolle, es überhaupt noch zu, dem Kranken ein verständnisvoller, kompetenter, ja sogar liebevoller Helfer zu sein? Die Logik in diesen Sätzen mag fast automatisch dazu führen, dies zu verneinen.

Dennoch, Mensch zu sein, widrigen Umständen zu trotzen, die Seele seines Nächsten zu berühren, dies bleibt letztlich eine Frage des Charakters, der Einstellung. Dazu sollten Ärzte, Schwestern und alle anderen modernen Menschen unserer Zeit, die mit Kranken umgehen, fähig sein. Insofern richten sich diese Zeilen auch an alle entsprechend Tätigen. Sinnigerweise von einem Arzt, dem Evangelisten Lukas, wird uns im Neuen Testament ein barmherziger Helfer vorgestellt. Der als barmherziger Samariter sprichwörtlich bekannt Gewordene kümmerte sich entgegen den Gepflogenheiten seiner Zeit in rührender Weise um einen Misshandelten und Mittellosen am Straßenrand. Gerade er wird als der, der es richtig gemacht hat, dargestellt. Priester dagegen, etablierte Leute in der Gesundheitsfürsorge jener Zeit, hatten kläglich versagt. Barmherzigkeit, fassen wir damit einmal alle Eigenschaften zusammen, die wir uns für eine Betreuung als Kranker wünschen würden, sollte auch in dieser technisierten und kommerzialisierten Welt der Behandlung und Pflege wieder eine Rolle spielen. Ob mit oder ohne einem „Wir" auf den Lippen, das dürfte nicht das ausschlaggebende sein. Oder nennen wir es Einfühlungsvermögen, charakterliche Größe oder psychologisches „know how" - es ist das Sahnehäubchen einer guten medizinischen Betreuung.

Bemerkt am Behandlungstag **vier**:

Ottilie hat es mit der Galle

Seit Wochen ging es ihr nicht gut, der älteren korpulenten Dame. Nun schleppte sie sich zur Toilette ihrer altersgerechten Wohnung, hoffend, endlich die ersehnte Erleichterung zu finden. Abgesehen davon, dass sie kaum noch Essen zu sich nehmen konnte und manchmal erbrechen musste, verspürte sie einen ständigen Druck im Leib und hatte oft das Gefühl, völlig aufgebläht zu sein.
Ihr Arzt, Dr. Stein, hatte sie beruhigt. Das käme öfters vor, besonders im Alter. Stuhlgang hätte sie schließlich mehr oder weniger regelmäßig und die Verdauung sei eben auch nicht mehr die beste. Verordnete Pillen gegen Blähungen und Völlegefühl hatten keine Linderung gebracht, auch wenn deren Erfolge in der Werbung des Fernsehprogramms, das Ottilie Rundlich so gern anschaute, regelmäßig gepriesen wurden.
Nun - vielleicht bringt der jetzt erwartete Stuhlgang endlich Erleichterung und das stattliche Gesäß der Leidenden breitet sich schließlich abdichtend auf der Brille ihres porzellanen Toilettenbeckens aus.
Ein heller, klirrender Ton schreckt die sonst eigentlich robuste Dame auf. War das Toilettenbecken zersprungen? War etwas vom Rand des Beckens in das Oval der schon älteren Toilettenschüssel gestürzt? Oder legte sie etwa plötzlich Eier wie ein Huhn? Sie traute ihren eigenen Augen kaum, als sie sich behäbig umdrehte und den Inhalt ihres großen Geschäftes in Augenschein nahm. Sie ein Huhn, das Eier legte? Das konnte nicht sein! Dennoch entdeckte sie inmitten ihrer Exkremente ein ... nun, nicht gerade ein Hühnerei, aber zumindest ein Taubenei; denn dessen Größe wies der Furcht erregende Gegenstand durchaus auf. Nur dass er sehr dunkel war, grünschwarz etwa. Und die Eier ihrer Tauben - ihr Ehemann hatte früher Brieftauben gezüchtet - , so erinnerte sie sich, waren doch eher recht hell gewesen.

Dieses Ereignis, so seltsam es anmutet, entbehrt keinesfalls der Realität, wenn sein Vorkommen auch äußerst selten ist. Nach einem ersten Schreck ahnte Frau R. wahrscheinlich nicht, dass die ersehnte Erleichterung eigentlich schon erfolgt war. Mehr noch, möglicherweise war sie gerade an einer Katastrophe vorbeigeschrammt. Erst Dr. Stein, dem sie das Ei vorlegte, sagte ihr, was geschehen war: Sie hätte einen Gallenstein „gelegt". Dabei beteuerte der Mediziner älteren Semesters, dass so etwas zum ersten Mal in seiner langen Berufszeit vorgekommen sei; aber immerhin könne er sich an Lehrbuchberichte aus seiner Studentenzeit entsinnen, die solch ein Vorkommnis beschrieben hätten.

Was wären Krankenhäuser und Arztpraxen ohne die so ersprießliche Zivilisationskrankheit - das Gallensteinleiden! Es würde eine durch nichts zu ersetzende Einnahmequelle fehlen. Die Auslastung von Sonografiegeräten wäre vielleicht nicht mehr gewährleistet. Aber die Gallenkranken werden uns erhalten bleiben - solange zumindest, wie Überernährung und hohe Blutfettspiegel weiter den Ton im keinesfalls unterernährten Deutschland angeben.

Stellen Sie sich vor, Mathilde, Ottilie, Marie und Liliane sitzen genüsslich im Café an der Ecke und verdrücken ihre Schwarzwälder-Kirsch-Torte. Jawohl - Sie haben richtig gelesen -, jene Kaffeeklatschtanten aus Udo Jürgens` Kultsong „Aber bitte mit Sahne..." sind es. Sie können sich jetzt bestimmt gut ausmalen, dass Ottilie, sie sei unsere Frau Rundlich, plötzlich anfängt zu erzählen, sie wäre beim Doktor gewesen und der hätte festgestellt, sie hätte es „mit der Galle". Was dies konkret auf sich hat, dürfte Ottilie und so vielen Mitgenießern unserer westlichen Zivilisation aber im Wesentlichen verborgen sein. Dass man es vom weihnachtlichen Gänsebraten „mit der Galle" kriegen kann, ist gewiss noch eine Volksweisheit. Damit meint man, zumindest etwas über die Ursache des häufigen Leidens zu wissen. Na klar, man hat Gallensteine. Aber was genau nun „mit der Galle" nicht in Ordnung ist - darüber bestehen dennoch mannigfaltige Unklarheiten. Und was passiert, wenn man „an der Galle" operiert wird, auch das bleibt für den Laien meist ein Mysterium.

Versuchen wir jetzt einzudringen in das ominöse Medium „Galle", denn bereits ägyptische Mumien weisen Gallensteine auf. Der oben geschilderte Fall, eine Rarität ohnegleichen, repräsentiert natürlich nicht die tägliche Praxis. Schon häufiger, glücklicherweise aber auch nicht die Regel, ist der angedeutete Sachverhalt, dass ein Gallenstein zu einem Darmverschluss führen kann. Denn im Darm wird der Stein besonders gefährlich und selbst heute wird solch ein Zustand oft lebensbedrohlich. Fragt sich überhaupt - wie kommt solch ein großer Stein wie bei Ottilie Rundlich überhaupt in den Darm? Damit dürfte die Angelegenheit „mit der Galle" noch verwirrender geworden sein.

Nun, seien Sie unbesorgt, ihre „Galle" wird unverändert bis an Ihr Ende existieren. Kein Arzt der Welt kann Ihnen Ihre „Galle" wegnehmen. Wenn er es täte, wäre es dann allerdings Ihr Ende! Vielleicht sind Sie passionierter Kreuzworträtsel-Tüftler? Dabei dürfte Ihnen schon einmal die Frage „Absonderung der Leber?" über den Weg gelaufen sein. Mit dem Lösungswort haben Sie prompt unsere „Galle" gefunden. Jawohl. Denn Galle ist eine Körperflüssigkeit, hergestellt von Ihrer Leber, in hartnäckiger Gleichmäßigkeit, tagtäglich, Stunde für Stunde. Sie ist gelb, manchmal eher grünlich, leicht ölig und sehr bitter, gallebitter eben.

Galle in einer Schale - außerhalb des menschlichen Körpers nimmt sie eher diese dunkle Farbe an - solch schwarze Galle verursachte nach Ansicht der antiken Griechen das Temperament des „Melancholikers".

Die produzierte Flüssigkeit geht normalerweise täglich den gleichen Weg: Durch einen extra dafür vorgesehenen Gang läuft sie aus ihrer Entstehungsstätte Leber in den Zwölffingerdarm. Hier unterstützt sie tatkräftig den Verdauungsvorgang, besonders von fetthaltigen Speisen. Weil unser gelber Saft nun aber besonders nach dem Essen vonnöten ist, hat der Schöpfer einen genialen logistischen Trick eingesetzt. In den eben erwähnten großen Hauptgallengang hat er eine Nebenstrecke mit Lagerplatz eingebaut. Dieser Nebengang zweigt also nach rechts ab und führt in die Gallenblase, ein Depot, das auf höheren Befehl seinen gespeicherten Inhalt nach der Mahlzeit zurück in den Hauptgang pumpt, wo er seiner Bestimmung im Darm zugeführt wird.

Ort des Leidens der „Gallekranken" ist vordergründig nun dieser Lagerplatz, die Gallenblase. Anstatt in Habachtstellung hier zu verweilen, dickt sich der gelbe Saft ein und bildet Schlamm (der kundige Patient sagt eher „Grieß" dazu), später Klumpen, schließlich Steine. Das kann Jahre dauern; während der Stein wächst und sich wohl fühlt in seinem Zuhause, tut die Galle (unser Verdauungssaft also) weiter ihren Dienst, ohne dass Ottilie Rundlich im Eckcafé davon etwas merkt. Der Mediziner spricht vom „stummen Gallenstein". Dieser wird zwar niemals zu „schreien" anfangen. Beschwerden kann er aber auf zweierlei Weise machen. Im Fall 1 sind besonders die kleineren Steine (man denke vielleicht an die Größe einer Erbse) die Übeltäter. Fall 2 ist mehr die Domäne der großen Brocken - in der Tat nennt man sie Tonnensteine - bis zur Hühnereigröße kann es durchaus gehen, das „Taubenei" wie bei Frau Rundlich ist dabei gar nicht selten.

Zum Ersten also kann die Gallenblase eines Tages ihres geologischen Inhalts überdrüssig werden. Ob es der eine kleine Stein ist oder mehrere sind - es gibt Menschen mit einer dreistelligen Zahl an Gallensteinen - sie wird versuchen, ihn bzw. sie auszutreiben - auf demselben Weg also, den die Flüssigkeit Galle sowieso täglich geht. Doch unser Stein, so ansehnlich er in den Augen von Schmuckhändlern auch sein mag, passt da nicht durch. Indessen versucht unser Lagerplatz (die Gallenblase), ihn trotzdem mittels kräftiger Muskelarbeit loszuwerden. Folge: Ottilie hat eine üble Gallenkolik. Bleibt der Stein im Ausgangsbereich der Gallenblase stecken, füllt sich diese zusätzlich mit Flüssigkeit ihrer Drüsen (deren Weg Richtung Hauptgallengang ja nun auch versperrt ist), die Gallenblase schwillt an und macht sich schmerzhaft unter dem Rippenbogen bemerkbar. Bleibt das nun unliebsame Relikt gar im Hauptgallengang stecken, so, Sie haben recht!, kann ja nicht einmal mehr die aus der Leber, ihrem Bildungsort, kommende Galle fließen. Es kommt - zur Gelbsucht. Das ist allerdings weder eine Sucht noch die Mutation zum Chinesen, sondern nur der Tatbestand, dass sich die von der Leber weiter gebildete Gallenflüssigkeit ins Blut zurück staut und ihre gelben Farbbestandteile schließlich in der Haut abgelagert werden. Ottilie würde staunend bemerken, dass ihr Kot weiß wie die Wand ist (jawohl - unsere braune Stuhlfarbe wird durch unsere Galle hervorgerufen). Und das Café an der Ecke sucht sie jetzt nicht mehr auf, denn ihr Appetit ist infolge des Fehlens der wichtigen Flüssigkeit im Darm auf den Nullpunkt gesunken.

Beim unliebsamen Schicksal Nr. 2 des vormals stummen Gallensteinträgers wird das Konkrement, so heißt der Stein auf gut medizinisch, der Gallenblase mit der Zeit lästig. Er reizt die Wand seiner Herberge. Diese entzündet sich, akut oder bald auch chronisch. Und das kann bis zu einem Flächenbrand im Oberbauch unseres Gallekranken werden, der letztlich die ganze Umgebung befällt, so auch Leber, Hauptgallengang, Zwölffingerdarm, weitere Darmabschnitte und andere benachbarte Gewebe. Das Wundersame dabei ist: Derartige Entzündungen werden, wenn sie chronisch sind, oft nicht oder kaum bemerkt, bevor nicht weitere komplizierende Vorgänge ins Rollen kommen.

Ein solcher hat nun Ottilie betroffen. Bei ihrer Entzündung, dem geschilderten „Flächenbrand", sind Gallenblasenwand und Darm infolge der Entzündung miteinander verklebt. Schließlich entstand zwischen beiden ein Loch (Fistel sagte Dr. Stein etwas fachmännischer dazu), und eines Tages gelangte der große Stein durch dieses in den Darm. Das Problem war jetzt, dass der Darmdurchmesser, auch bei aller Dehnbarkeit, den Brocken von Frau Rundlich kaum fassen konnte. Mit viel Mühen und Beschwerden - es war dies die Zeit der Blähungen der älteren Dame

- schaffte er es schließlich doch bis zum glücklichen Ausgang wie oben geschildert. Der Regelfall sieht leider anders aus. Es kommt zum gefährlichen Darmverschluss, der aufgrund seiner schleichenden Symptome oftmals lange nicht erkannt wird.
Ihrer Phantasie bleibt es vorbehalten, wie es nun konkret aussieht im Körper Ihres Bekannten X oder Ihrer Bekannten Y, die es beide „mit der Galle haben". Und es dürfte Ihnen mittlerweile klar sein, wie man den seit Jahren Gebeutelten rechtzeitig helfen kann. Richtig! Der Lagerplatz, in dem die nicht immer schmucken Steine gebildet werden und gedeihen, muss weg! Folglich entfernt der Chirurg eben ihn - er entfernt die Gallenblase. Und keine Bange, es geht auch ohne dieses logistisch so ausgetüftelte Depot. Die Galle wird nach dem Genuss des Eisbeines nun eben direkt ihren Weg von der Leber in den Zwölffingerdarm finden. Die Nebenstraße zum entfernten Depot ist für immer versperrt durch einen Clip, den der Chirurg vor dem Durchtrennen der Nebenstraße gesetzt hat. Natürlich hat der Arzt noch Etliches mehr zu tun, wenn es zum beschriebenen „Flächenbrand" gekommen ist oder der Stein schon im Hauptgallengang steckt. Bei Ottilie Rundlich hat sich der Körper in der beschriebenen Weise galant selbst geholfen. Ihr Arzt wird sich nur noch überlegen, ob er die Gallenblase, die sich ihres Quälgeistes ja schon entledigt hat, dennoch entfernen sollte.
Die wissbegierige Dame, der Doktor Stein geduldig das Wesen ihrer seltsamen Krankengeschichte erläutert hatte, wollte schließlich noch erfahren, was denn die Ursache solch eines Steinreichtums sei. Hatte er sie doch scherzhaft seine „steinreiche Patientin" genannt. Die Erklärung der komplizierten Stoffwechselvorgänge, die die Galle in ihrem Depot zur Steinbildung anregen, wollte der Arzt seiner Patientin nicht zumuten. Der Mediziner, der sie seit Jahrzehnten kannte, musste jetzt aber schmunzeln, da er Ottilie, einer leidenschaftlichen „F6"-Raucherin, es auf seine Weise erklärte. Verantwortlich für das unliebsame mineralogische Gebilde im Körper so vieler Zeitgenossen sei ausnahmsweise mal nicht „F6", sondern dieses Mal eher „F5", oder besser gesagt „die fünf F", erklärte er seiner verdutzten Patientin. Fünf Risikofaktoren sind es (fünf F), die,

englisch verbrämt, Ausgang eines steinreichen Daseins sein können. Wobei natürlich der Slogan gilt - „Ausnahmen bestätigen die Regel..."

Vielleicht kommen Sie jetzt bei Ihrer Lektüre zumindest teilweise selbst auf unsere fünf F alias Risikofaktoren, wenn sie sich Ottilie aus Udo Jürgens Hit bildlich vorstellen: Na klar, dick ist sie. Sagen wir lieber gleich fett (englisch fat), und wir haben unser erstes F. Ganz simpel - Ottilie ist eine Frau (englisch weiblich = female). Das zweite F beruht also allein auf der Tatsache, dass Frauen bevorzugt (gallen)steinreich werden. Dahinter stecken hormonelle Vorgänge. Was Ihnen auch sofort klar sein wird: Weit über vierzig ist Ottilie (englisch 40: forty). Alter jenseits der vierzig als drittes F fungiert als Risikofaktor. Was Sie eventuell nur ahnen: Ottilie hat Kinder. Fruchtbarkeit (englisch fertile) ist leider unser viertes F. Was Sie schließlich nicht wissen können: In ihren besseren Jahren war Ottilie blond. Und Blondinen sollen allein ihrer Haarfarbe wegen auch ein erhöhtes Steinrisiko in sich tragen - (englisch blond = fair) - unser fünftes F...

Abschließend: Falls Sie einen 30jährigen jungen, brünetten, schlanken Mann kennen, der „es mit der Galle hat", verschonen Sie bitte den Verlag oder den Autor mit Anfragen, woher seine Minerale in der Gallenblase stammen...

Der Gallenstein - vor seiner Operation

So zeigt er sich üblicherweise: Im Ultraschallbild löscht der Stein den Schall aus - durch einen großen Schallschatten, einem Kometenschweif ähnlich, macht er auf sich aufmerksam.

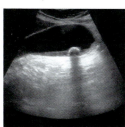 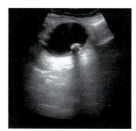

Seltener: Ein großer Stein zeigt sich im Röntgenbild. Das wird möglich, wenn er Kalk eingelagert hat und somit „röntgenpositiv" wird. Dieser riesige Tonnenstein (Pfeil) ruht gemächlich in der Gallenblase. Wann wird er den Weg gehen wie bei Ottilie?

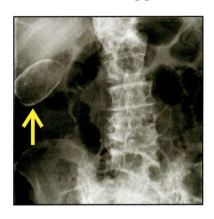

Der Gallenstein - während seiner Operation

Eigentlich enttäuschend. Denn - er ist nicht zu sehen! Er verweilt ja in seinem Depot, der Gallenblase. Diese, hier im so genannten Leberbett zu sehen und mit zwei Zangen gefasst, wird der Chirurg nun entfernen samt Stein.

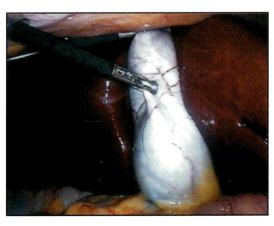

Der Gallenstein - nach seiner Operation

Die Gallenblase ist entfernt und wurde aufgeschnitten - sie enthält einen Stein. Ein wunderschöner, ebenfalls bernsteinfarbener Stein eines anderen Patienten daneben. Viel mehr als die dazugelegten 10 Cent ist er aber kaum wert - er wird in der Luft zerfallen und vom Juwelier nicht zu verwerten sein...

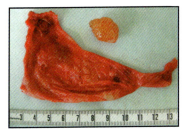

Ganz anders sieht der Tonnenstein aus dem Röntgenbild nach seiner Operation aus - auf „Abwegen" wie bei Ottilie wurde er aus dem Darm einer Patientin geborgen...

Vergessen am Behandlungstag **fünf**:

Zu schweigen

Nicht gerade leise ging es hier zu, vor seinem soeben bezogenen Krankenhauszimmer, stellte Oskar Tschill fest. Doch der Lärm war ja alles in allem noch erträglich; waren es ja die gleichen Gesellen, die ihm auch in seiner gewohnten Umgebung - zusammen mit mehreren älteren Mitgenossen verbrachte er seinen Lebensabend im „betreuten Wohnen" - besonders morgens einen hohen Geräuschpegel bescherten. Und wer will es ihnen im Mai schon verdenken. Lustig tummelten sich über ein Dutzend Spatzen auf der Dachrinne neben Oskars Zimmer und gaben lautstark ihr „tschiilp, tschiilp..." von sich. Dazu kamen einige Nebelkrähen, die das noch kahle Feld neben dem alten Krankenhaus bevölkerten. Ihr „kräätz, kräätz..." klang allerdings nicht so beschaulich wie der quicklebendige Frühlingsgesang der jungen Sperlinge.

Nun gut, Onkel Oskar kümmerte es letztlich nicht. Oder doch ein bisschen? Er war nämlich gerade beim Ausfüllen einiger Formulare, die ihm Schwester Hilde bei der Krankenhausaufnahme in die Hand gedrückt hatte. Nachdenklich kratzte er sich an jenen Körperstellen, die ihm in den letzten Wochen so zugesetzt hatten und deretwegen er jetzt in der Hautklinik gelandet war. Das ist ja bekannt in deutschen Landen, dachte er so bei sich - „Formulare, Formulare, von der Wiege bis zur Bahre...". Na hallo, Letzteres wollte er eigentlich noch nicht bedenken. Aber der Doktor würde ihm schon reinen Wein einschenken über sein Leiden. Doch für die Bahre würde er sicher noch nicht vorgesehen sein. Und wieder kratzte er sich am linken Arm, gewiss jetzt auch aus Verlegenheit angesichts des Formulars. Bekunden sollte er hier, wer über seine Krankheit Bescheid wissen dürfe - nur demjenigen würde der Doktor sein Problem, sein Intimstes vielleicht, mit anvertrauen. Tja, wer sollte das sein, kratzte er sich wieder, weil dieses Mal die Stelle besonders stark juckte. Wer interessierte sich schon für ihn, den alten sonderbaren Onkel. Kinder hatte er keine; Neffen zwar viele und Nichten, und auch mit ehemaligen Nachbarn und Bekannten verstand er sich ganz gut. Doch Interesse an seinem gesundheitlichen Ergehen, wer sollte das schon haben? Schmunzelnd überlegte er, seine zwitschernden Freunde

draußen, die Spatzen, von ihm aus auch die Krähen, könne er ja auf diesem Formular angeben - die könnten es ruhig wissen. Doch Scherz beiseite, schließlich schrieb er Renate Unbedarft hin, seine weitläufige Bekannte, die sich ab und zu um ihn kümmerte und im schlimmsten Fall, der Bahre also, auch seine Dinge regeln sollte. Tüchtig schwerhörig war sie zwar, aber alles in allem vertrauenswürdig.
Schnell vergessen hatte Oskar Tschill die Formulare in den nächsten Tagen. Zu sehr war er mit Bädern, mit dem Einkleistern seiner juckenden Hautstellen beschäftigt und in mancherlei Gespräche mit seinen Leidensgefährten auf der Männerstation vertieft. Da sein Hautleiden rasch besser zu werden schien, vergaß er schließlich, seinen aufgeweckten Stationsarzt, Dr. Peinlich, nach der Ursache seiner (nun ja schon deutlich weniger) juckenden Hautgeschichte zu fragen. Dieser bedeutete ihm allerdings, dass er noch zwei Wochen in seinem Krankenzimmer, neben dem die Spatzen weiter fleißig „tschiilp" und die Nebelkrähen hartnäckig „kräätz" riefen, bleiben müsse. Eher lustig kam ihm sein Doktor bei der täglichen Visite vor. Und auch der ihn begleitenden Stationsschwester Felicitas Laut mit ihren geheimnisvollen Krankenakten schien täglich der Schalk ins Gesicht geschrieben, zumindest an seinem Bett, so meinte er zu erkennen.
Interesse an Onkel Oskars Leiden zeigte indes Nichte Gabi. Da ihr der Onkel nichts dazu sagen konnte, suchte sie eines Tages Dr. Peinlich auf mit der Bitte, sie über die Erkrankung des geduldigen alten Herrn aufzuklären. Unübersehbar war, dass der gesprächige Doktor dabei etwas ins Schlingern kam. Ad eins, meinte er, sei die Angelegenheit etwas delikat; ad zwei, fügte er hinzu, gebühre es eigentlich dem Onkel selbst, über seine Erkrankung zuerst Bescheid zu wissen, und entsprechend seiner schriftlichen Verfügung dürfe es außer ihm sowieso nur eine Renate Unbedarft wissen. „Ach, die ist ja eh schwerhörig", flötete die kokette Gabi dem jungen Doktor zu. „Sagen sie es ruhig mir, ich werde es Frau Unbedarft schon vermitteln." „Nun gut", der junge Mediziner konnte nicht widerstehen, „aber bitte behalten Sie die Sache für sich. Tja, Ihr Onkel, leidet an einer

heutzutage eher selten gewordenen Milbenerkrankung. Nach dem Krieg kam das wohl häufiger vor. Ab und zu beobachtet man die Sache schon noch mal, meist bei..." „Heimbewohnern?", fiel die jetzt argwöhnische junge Frau Doktor Peinlich ins Wort. „Nun ja, das auch. Mangelnde Körperpflege spielt gewiss eine Rolle...", eierte der Doktor weiter herum. „Also doch die Krätze..." gab Gabi plötzlich von sich. „Wieso, woher wollen Sie das wissen?", konterte der Arzt widerstrebend. „Eigentlich hat es mir Schwester Felicitas schon gesagt, als ich sie fragte, wo Onkel Oskar liegt." „Ach, unser Spezi mit Krätze", hätte die geantwortet „Zimmer 11 bitte..."

Abrupt wurde das Gespräch unterbrochen, als Dörte, Gabis neunjährige Tochter, Oskars Großnichte somit, den Gang entlang kam und zu Gabi herüberposaunte: „Mutti, was ist Krätzeeee?" „Pst, wo hast du denn das her", wollte die junge Mutti die Situation retten. „Das hat doch Olaf erzählt, dass Onkel Oskar die Krätze hat", antwortete das Kind ungeniert. „Ach so - Olaf, unser Nachbar, der Pfleger, der gerade Nachtdienst auf Station hat...", erklärte Gabi etwas kleinlaut die Situation...

Nichtsdestotrotz: Oskar Tschill ging es besser und besser; Dr. Peinlich hatte ihm heute sogar ein neues Waschmittel vorgestellt. Welchen Komfort doch die neue Zeit mit sich bringt! Ganz gewiss würde er dieses benutzen und auch seinen Heimmitbewohnern empfehlen, wenn er Zimmer 11 verlassen durfte. Was er nun eigentlich hatte? Na, irgend so ein Ekzem wird es schon gewesen sein. Und wenn Renate Unbedarft ihn fragte? Auch egal, was er ihr sagen würde. Sie hörte ja sowieso kaum noch und wird es auch nicht verstehen... Tschiilp kräätz, tschiilp kräätz, erschallte es draußen in der Mai-Natur...

Eine starke Groteske, diese Story mit Onkel Oskar Tschill? Oder einfach peinlich? Fragt sich nur, für wen! Dabei ging es bei dem allein stehenden älteren Herrn um eine letztlich harmlose Krankheit. Er konnte wiederhergestellt werden und die hygienischen Dinge, die ihm Dr. Peinlich vor der Entlassung ans Herz gelegt hatte, dürften wohl eine künftige Neuerkrankung

verhindern helfen. Viel mehr als nur peinlich und zum humoristischen Grundton dieser Schrift gar nicht passend wird es aber spätestens dann, wenn anstelle der Milbenerkrankung das bittere Krebsleiden oder eine leidvolle Leukämiegeschichte unseres lieben Anverwandten zur Debatte stehen würden.
Bei aller deutscher Hightech-Medizin und guter Qualität der Behandlung - in Sachen Schweigepflicht besteht großer Nachholbedarf! Sie wird zwar oft eingehalten, die dem gesprächigen Deutschen so schwierige Pflicht, aber eben nur gegenüber dem Betroffenen! Die Gründe für dieses in der Praxis so paradoxe Vorgehen dürften vielfältig sein und häufig auch mit der Persönlichkeitsstruktur der Beteiligten zusammenhängen. Oft fürchtet man wohl, Betroffene mit der ganzen Wahrheit zu konfrontieren. Dass Themen wie Leid und Tod in unserer Spaßgesellschaft einem unausgesprochenen Tabu unterliegen, könnte ein gewichtiger Grund dafür sein, lieber den Angehörigen das Problem zu erläutern, als dem Betroffenen selbst. Möglicherweise hat die Gesetzgebung auch hier ihre berühmten Löcher. Und schließlich - nicht alles ist durch Paragraphen zu lösen, erst recht nicht, wenn es um solche letztlich sensiblen Angelegenheiten geht.
Paragraphen und Gesetzestexte, deren Sprache den Laien wahrscheinlich noch rätselhafter als das medizinische Vokabular erscheint, gibt es in der Tat jedoch genug zu Onkel Oskars so schnöde verletztem Tatbestand. Bekannt ist auch der Eid, der Hippokrates, dem altgriechischen Arzt aus dem vierten vorchristlichen Jahrhundert, zugeschrieben wird. Er soll seinen Schülern in Mund und Herz gelegt haben:

„Was immer ich sehe und höre bei der Behandlung oder außerhalb der Behandlung im Leben der Menschen, so werde ich von dem, was niemals nach draußen ausgeplaudert werden soll, schweigen, indem ich alles Derartige als solches betrachte, das nicht ausgesprochen werden darf."

Bis 1871 dauerte es, ehe entsprechende Satzungen verbindlich unseren deutschen Kulturkreis erreichten. Im genannten Jahr eins des wilhelminischen Kaiserreiches wurde die Schweigepflicht im Strafgesetzbuch verankert. Heute sieht sich der Arzt, der hinsichtlich der so oft verletzten Pflicht mit anderen medizinischen Mitarbeitern sowie Juristen und Priestern in einem Boot sitzt, einer Reihe von entsprechenden Gesetzestexten sowie deren Kommentaren gegenüber. Paragraph 203 des Strafgesetzbuches ist die strafrechtlich relevante Klausel. Ein Kuriosum am Rande: Heilpraktiker unterliegen dieser nicht, weil ihre Berufsausübung und die damit verbundene Ausbildung nicht staatlich geregelt sind. Die ärztlichen Berufsordnungen, herausgegeben von den Ärztekammern, nehmen sich des Problems ausführlich an. Eingegangen ist die Erfordernis der Schweigepflicht auch in den modernen Bereich des Datenschutzes, konkret in die IT-Systeme der Kliniken. Neben medizinischen Daten oder der richtigen Handhabung von Servern haben Informatiker im Gesundheitswesen eben auch die Schweigepflicht bei der Entwicklung einschlägiger Software zu berücksichtigen.

21. März 1871: der Reichstag des Wilhelminischen Kaiserreiches kommt zum ersten Mal zusammen.

Streng und absolut muten die Ausführungen an, die Mediziner immer wieder von Juristen zum Thema hören. Objekt der von den Juristen regelmäßig ins Visier genommenen Tat ist hier das **Geheimnis, besser gesagt, das Offenbaren eines solchen gegenüber Dritten**. Dabei geht es nicht um die harmlosen Geheimniskrämereien tuschelnder Backfische, sondern um die oft persönlichsten oder intimsten Dinge, die ein Mensch seinem Mediziner anvertraut. Die Betroffenen befinden sich in der Regel in einer mehr oder weniger misslichen Lage. Deren manchmal sogar existentiell bedeutsame Geheimnisse zu **offenbaren**, darin besteht schließlich das Vergehen. Dabei muss es allerdings nicht nur um solche Geheimnisse wie das der peinlichen Krätze von Onkel Oskar gehen. Nicht einmal seinen Namen und die Tatsache, dass er sich gerade im Krankenhaus befindet, hätte Pfleger Olaf draußen herumposaunen dürfen. Auch gegenüber unserem Freund und Helfer, der Polizeibehörde, die vielleicht einen Kriminellen unter der Obhut des Doktors vermutet, hat Stillschweigen zu herrschen. Über den Tod des Betroffenen hinaus verordnen die ärztlichen Berufsordnungen Grabesstille, und selbst wenn der Doktor längst pensioniert ist, darf er am Stammtisch seiner Lieblingskneipe keine Pointen seiner ehemaligen Patienten preisgeben. Sogar gegenüber Familienangehörigen des Patienten besteht Schweigepflicht, auch wenn Nichte Gabi mit Dr. Peinlich noch so sehr kokettiert.

Wie sollte nun aber korrekt vorgegangen werden, fragt sich vielleicht längst der aufmerksame Leser. Es dürfte klar geworden sein, dass nur mit dem Kranken selbst dessen Daten über seine Krankheit und Person Gegenstand irgendeines Gesprächs sein dürfen. Falsch ist demnach die täglich in Deutschlands Kliniken wie folgt anzutreffende Situation: Der Arzt trifft sich im Vorzimmer der Intensivstation mit den Angehörigen des heute frisch operierten Verwandten und erläutert ihnen die Ergebnisse des Eingriffs. Schuld an dieser Unsitte sind beide Seiten: Die Familie des nebenan liegenden Frischoperierten fordert dringend ein Arztgespräch, um zu erfahren, wie es um sie oder um ihn steht. Meist sind die Beweggründe für diesen Wissensdrang positiver Art (Besorgnis, Liebe). Der Arzt gibt willig Auskunft. Vielleicht liegt ihm, indem

er freundlich alles erklärt, nichts weiter als das gute Renommee seiner Klinik am Herzen. Juristisch liegen beide Parteien falsch. Dabei liefert die Jurisprudenz uns einfache und eindeutige **Rechtfertigungsgründe**, die es erlauben, oben genannte Geheimnisse eben auch an „Dritte" weiterzugeben. Der problemloseste und logischste Rechtfertigungsgrund ist schlicht und einfach die Einwilligung des Patienten, die sogar formlos möglich ist. Gute Kliniken handhaben es deshalb so, dass sie bereits bei stationärer Aufnahme den Patienten schriftlich angeben lassen, wem Auskunft über seine Angelegenheiten erteilt werden darf (Onkel Oskar war demnach eigentlich in einer „guten" Klinik gelandet). Ein derartiges Einverständnis vorausgesetzt, war unsere soeben geschilderte Begegnung im Vorzimmer der Intensivstation juristisch korrekt. Etwas komplizierter wird es dann, wenn die Juristen von konkludenter Einwilligung oder rechtfertigenden Notständen für die Geheimnisoffenbarung sprechen. So rechtfertigt mancher Umstand eine „stillschweigende" Einverständniserklärung des Patienten (dies umschreibt der Advokat mit konkludent...). Hat Onkel Oskar seinen behandelnden Stationsarzt von der Schweigepflicht entbunden, so ist dies automatisch auch gegenüber mitbehandelnden Medizinern der Fall. Denn Dr. Peinlich hatte seinen Patienten Tschill gleich am zweiten Krankenhaustag seinem internistischen Kollegen Dr. Korrekt vorgestellt. Indem er diesem kurz die Leidensgeschichte seines Hautpatienten schildert, macht er vom dargelegten stillschweigenden Einverständnis Gebrauch - also auch gegenüber Dr. Korrekt dürfen Tschills Geheimnisse gelüftet werden. Der Leser sei jetzt aber verschont von weiterer schwieriger juristischer Kost, spielt doch der Vorgang der Patienteneinwilligung die Hauptrolle im täglichen Alltag rund um die Schweigepflicht.
Dennoch kann man konstatieren: In deutschen Landen klafft eine große Lücke zwischen dem juristischen Anspruch auf die Schweigepflicht einerseits und der praktischen Handhabung in den Kliniken andererseits. Und auf beiden Seiten sind riesige Wissenslücken über das Problem zu erkennen. Sowohl das Personal unserer Gesundheitsfabriken als auch Patienten und

Angehörige sind sich kaum oder selten der Brisanz der Materie bewusst. Und noch eins: Die am häufigsten verletzte Pflicht des Krankenhausmitarbeiters dürfte in der Tat gerade die zum Schweigen sein. Obwohl juristisch von großer Bedeutung, wird der diese Pflicht Verletzende in der Regel immer ungeschoren davonkommen. Dabei geißeln die ärztlichen Berufsordnungen entsprechende Verletzungen als absolut berufsunwürdig. Und schon zitierter Paragraph 203 droht eine Freiheitsstrafe bis zu einem Jahr an!

Der richtige Umgang mit der Schweigepflicht - er wird oft die berühmte Gratwanderung bleiben. Neben dem Wissen um die schon angerissenen juristischen Hintergründe können Menschenkenntnis und persönliches Feingefühl helfen, die unterschiedlichsten Situationen zu meistern. Zwei Beispiele aus der Praxis mögen abschließend nochmals hinweisen auf die Fettnäpfchen, die um unser Thema herum ausgelegt sind. Kehren wir als erstes zu Schwester Felicitas aus unserer Story mit Onkel Oskar zurück. Sie erreicht ein Anruf aus Mallorca, wo sich Nichte Gabi gerade am Strand nahe dem Ballermann tummelt. Sie ist besorgt und möchte wissen, ob Onkel Oskar in der Klinik liegt. Sie hätte von einem Heimmitbewohner davon gehört. Hoppla - hat Schwester Felicitas hier nicht zu schweigen und sollte gleich den Telefonhörer wortlos auflegen? Eigentlich ja, folgen wir dem tatsächlichen Gesetzesbuchstaben, nach dem nicht einmal der Aufenthalt im Krankenhaus preisgegeben werden darf. Letztlich aber unvorstellbar - kommen doch tagtäglich tausende Anrufe besorgter Angehöriger hinsichtlich des Verbleibs ihrer Lieben in den Kliniken an. Und wäre es nicht unhöflich, den Anrufer einfach so abzuwimmeln? Natürlich wird Schwester Felicitas bestätigen, dass Onkel Oskar in der Hautklinik liegt und Nichte Gabi wird die Urlaubsinsel vorzeitig verlassen, um ihrem Onkel während des Klinikaufenthalts tröstend beizustehen. Eine Ausnahmeregelung ist es, die dies möglich macht: So haben Klinikaufnahmen, die auf dem (juristischen) Stand der Zeit sind, im Rahmen der Registrierung ihrer Klienten eben auch eine Rubrik auf ihren Formularen, mittels derer Betroffene bestätigen können, dass ihr hiesiger

Aufenthalt Dritten mitgeteilt werden darf.

Begeben wir uns auf die Nachbarstation von Dr. Peinlich und seinen Kollegen, die gynäkologische Abteilung. Genauso unverfänglich wie Gabi aus Mallorca ruft ein besorgter Ehemann die Stationsschwester an. Er fragt, warum er seine geliebte Gattin nicht an ihrem Telefon am Bett erreicht. Die dienstbeflissene Schwester teilt ihm kurz mit, Gattin Pussie wäre zurzeit zum geplanten Eingriff im OP, sei in einer Stunde aber gewiss zurück… Ein fataler Fehler! Mit dieser Aussage hat die sonst so gewissenhafte Schwester nicht nur ihre Schweigepflicht gebrochen, sondern einen großen Stein, sprich Ehekonflikt, ins Rollen gebracht. Was war passiert? Pussie hatte sich in die Klinik begeben und ihren Mann nur dahingehend informiert, hier eine lästige Blasenentzündung auszukurieren. Den wahren Grund hatte sie verschwiegen: Eine Abtreibung sollte vorgenommen werden. Vom Seitensprung mit Nachbar Tunichtgut sollte der treue Ehemann nie etwas erfahren. Seine Frau im OP-Saal? - auf diesem Weg erfuhr der Mann schließlich den wahren Grund ihres Klinikaufenthaltes und … dass ihm Hörner aufgesetzt worden waren.

…und so pfiffen es die Spatzen vom Dach

Erkannt am Behandlungstag **sechs**:

Warum Eiter evakuiert werden muss

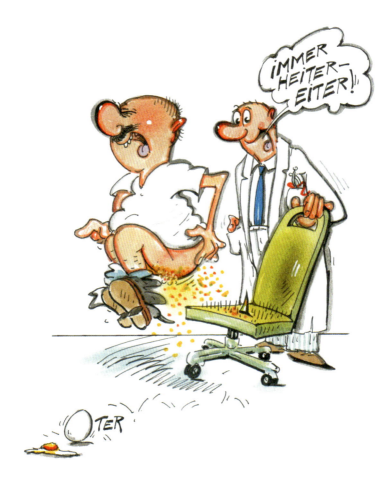

Lassen wir Heinz Hinterer über sein Erlebnis in einem kleinen Krankenhaus berichten.

„Eiter. Eiter. Allein schon das Wort, gehört oder gelesen, könnte mir die Gänsehaut über den Rücken laufen lassen. Oder zu akutem Brechreiz führen. Oder Bläschen auf der Lippe entstehen lassen. Eiterbläschen etwa noch? Vereitert! Was kann nicht alles vereitert sein. Hört man ja immer wieder, welche Vereiterung der Arzt bei diesem Freund oder jener Bekannten festgestellt hat. Vereiterte Mandeln, ein vereiterter Blinddarm oder der vereiterte Zahn, das kommt einem ja noch bekannt oder zumindest plausibel vor. Aber - ein vereiterter Hoden oder die vereiterte Frostbeule, der Gedanke daran ist einfach grässlich. Ja wirklich - auch der Knochen soll eitern können. Und - von einer Eiterung im Gehirn hörte ich kürzlich gar, bei einem Politiker oder irgend so einem Promi soll es gewesen sein.
Noch heute denke ich mit Grausen an mein wahrscheinlich größtes Eitererlebnis, das ich vor gut 25 Jahren im Krankenhaus hatte.
Zusammen mit Hans Karg lag ich in Zimmer 6 des kleinen Kreiskrankenhauses. Mit meiner Genesung ging es gut voran. Meinen Eiter hatte mir der Oberarzt Doktor Kokkus bereits von weitem angesehen, als ich seine Abteilung aufsuchte. Da ich schon beim ersten Kontakt seine freundliche Aufforderung, Platz zu nehmen, energisch ablehnte, war die Diagnose für ihn klar. 'Herr Hinterer, ich merke schon, Sie haben einen dicken Abszess am Darmausgang. Vielleicht ziehen Sie einfach mal Ihre Hose herunter und zeigen mir das Übel.' Das getan, stellte er umgehend fest: 'Hier riecht man ja den Eiter schon gegen den Wind. Das schreit nach dem Skalpell!' Von Letzterem merkte ich dank einer guten Narkose nichts, und nach der Arbeit des Messers von Dr. Kokkus war ich schlagartig beschwerdefrei. Nun musste nur noch das große Loch, sagen wir besser die große Wunde, zuheilen.
Anders bei meinem arg gebeutelten Bettnachbarn Karg. Der fühlte sich nicht richtig wohl. Und das seit Wochen. Mal meinte er, ein bisschen Fieber zu haben. Mal schien es im Bauch zu

drücken. Appetit hatte er schon lange keinen mehr und der Blutdruck sei meist sehr niedrig. Das einzig anscheinend Positive - 20 Pfund an Gewicht hätte er ohne weitere Mühe eingebüßt... Seine Laborwerte seien sehr bescheiden, meinte Dr. Kokkus regelmäßig, doch eine richtige Ursache hätte man noch nicht gefunden. Vor 25 Jahren! CT, MRT, jene Turbo-Diagnose-Maschinen, über die heute nahezu jedes deutsche Krankenhaus verfügt, gab es noch nicht. Man tappte somit bei Karg weiter im Dunklen.

Bis sich eines Tages doch etwas bei ihm tat. Eine winzig kleine Beule bemerkte er zuerst in seiner linken Leistenbeuge. Langsam wurde sie größer, schmerzte etwas und war nun auch rot. Ich weiß noch heute, wie er sie mir vor dem Waschbecken zeigte. Erst zwei Tage später zeigte er sie auch Dr. Kokkus, der anscheinend nicht viel damit anfangen konnte. Ja, Leistenbrüche gäbe es hier, auch Lymphdrüsenschwellungen - nun, wenn es nicht besser würde, müsse man eben mal schneiden. Davon war Karg, dem es von Tag zu Tag schlechter zu gehen schien, gar nicht begeistert. Schließlich kam ihm aber sein eigener Körper zu Hilfe.

Am nächsten Morgen flehte er mich unvermittelt an: ′Schnell, Heinz, hilf mir, irgendwas schwimmt bei mir, Hilfe, oder ich verblute - ist hier nicht die Hauptschlagader des Beines?...′ Zaghaft trat ich an sein Bett, lüftete die Decke und traute meinen Augen nicht. Tatsächlich schien mein Bettnachbar Hans zu schwimmen. Im eigenen Saft. Aus der Beule, die er mir noch vor einem Tag gezeigt hatte, quoll eine dickrahmige, graugrünliche Flüssigkeit wie aus einer Quelle oder, weil sie auch warm war, wie aus einem isländischen Geysir hervor. Bevor ich umfiel, konnte ich noch rasch die Schwester herbeiklingeln. Dann, fast im Unterbewusstsein, hörte ich als des Lateinischen Kundiger den herbeigerufenen Oberarzt noch etwas murmeln von <<bonum>> und <<laudabile>> - ′fein, gut′, ′lobenswert′ - was sollte hier noch gut oder lobenswert sein? Meine Sprachlosigkeit war groß an diesem Morgen.

Rasch wurde ich aus dem Zimmer verlegt und als ich dabei den blassen Karg nochmals betrachtete, schien es mir schließlich, dass der lateinelnde Oberarzt wohl insgemein angedeutet hätte,

dass es gut und lobenswert sei, dass Karg sein Leid nun endlich ausgestanden habe. Schon legte ich mir Beileidsworte für seine Frau zurecht.
Dazu kam es aber nicht. Auf das zaghafte Anfragen bei der Nachmittagsschwester, was denn mit Karg geworden sei, bekam ich die unglaubliche Antwort, es ginge ihm schon viel besser. Als ich ihn nach drei Tagen sogar auf dem Gang traf, konnte ich mich selbst davon überzeugen. Fünf Liter Eiter wären aus ihm herausgeflossen, hätte Dr. Kokkus geschätzt. Vielleicht waren es auch bloß vier gewesen. Erneut war ich sprachlos. Lange hörte ich dann nichts mehr von meinem Leidensgefährten Hans. Bis ich ihn eines Tages im Konsum traf (Sie wissen schon, dem DDR-Vorläufer von EDEKA). Und - rund und gesund sah er aus. Während mein Hintern noch etwas nässte, war bei ihm nun alles in Ordnung, wie er mir bekundete.
Mein `Eitererlebnis´ hat mich jedenfalls nachhaltig geprägt. Manchmal werde ich sogar im Traum davon verfolgt. Nicht nur, dass ich immer wieder Eiter rieche und sehe. Als begeisterter Hobby-Ornithologe erscheinen mir Scharen von Eiderenten, eigentlich possierliche Wasservögel, deren Daunen sogar mein Kopfkissen füllen. Oder das imposante Eidersperrwerk in Schleswig-Holstein baut sich bedrohlich vor mir auf. Den kleinen orthografischen Unterschied (Eiter, Eider?!) scheint mein Traumzentrum dabei glattweg zu ignorieren!"

Erscheint Hinterer in seinem Alptraum: Das Eidersperrwerk in Schleswig-Holstein.

Die gerade präsentierten Eitergeschichten unserer Helden Hans Karg und Heinz Hinterer hören sich auf alle Fälle ganz und gar nicht possierlich an. Aber: Beider Geschichten ereignen sich weltweit immer wieder, die von Heinz tagtäglich, die von Hans nicht so häufig. Und das Heinz Hinterer im Traum so verfolgende Eidersperrwerk hat, wenn auch orthografisch etwas daneben gegriffen, anscheinend mit Recht seine Botschaft: Während das gewaltige Bauwerk nahe St. Peter Ording wirklich etwas absperren soll (nämlich die Fluten der Nordsee in Richtung Eider-Fluss), ist das Absperren von Eiter im Körper eines Kranken eher eine fatale Angelegenheit! Das jedenfalls schien die Erfahrung von Heinz und seinem Freund Hans Karg gewesen zu sein.

Eiter. Haben Sie sich schon einmal Gedanken gemacht, welchen Zweck er hat? Dumme Frage? Auch wenn die Angelegenheit nicht gerade ein Fest für die Sinne ist und das Grausen manches Zeitgenossen hervorruft - lassen Sie sich sagen, dass auch dieses stinkende Etwas im medizinischen Alltag eine Bestimmung hat.

Verhört hatte sich unser des Lateinischen mächtiger Hinterer, auch wenn er kurz vor dem „Wegtreten" war, keinesfalls. „Gut und lobenswert" (lateinisch also „bonum et laudabile") hatte Dr. Kokkus in der Tat von sich gegeben und das nicht, um das Schicksal seines Patienten Karg ironischerweise zu kommentieren. Ein Schlagwort aus dem Ärztealltag unserer Altvordern hatte er zitiert. Den lateinischen Slogan vom guten und löblichen Eiter prägten frühere Medizinergenerationen. Sie hatten die Erfahrung gemacht, dass die dem Patienten beigebrachten Operationswunden meist eiterten; schließlich heilten sie dann aber doch. Folglich, so meinten sie, gehöre Eiter eben dazu und sei für den Heilungsvorgang förderlich. Damit lagen sie allerdings ganz schön daneben. Die revolutionierenden Erkenntnisse des ausgehenden 19. Jahrhunderts, so zu den Bakterien als Verursacher von Infektionen, widerlegten die These vom derart erstrebenswerten Eiter. Denn - eine saubere Wundheilung nach dem Besuch im OP-Saal ist heute eben normal, dank keimfreien Arbeitens der Chirurgen. Kommt es dennoch zur Wundeiterung, so weiß der sich nun grämende Chirurg, dass eine Infektion hinzugekommen ist, woher auch immer. Die Eiterbildung ist Zeichen der Auseinandersetzung des Körpers mit diesen unerwünschten Gästen in der Wunde, sprich Bakterien.

Wenn auch nicht „gut und löblich" - indem der Körper sich erfolgreich zu wehren vermag, kommt unserem hier so strapazierten Eiter doch noch eine gewisse sinnvolle Rolle zu. Aber nicht nur bei der Bewältigung von Wundinfektionen, sondern auch beim Kampf des Körpers mit anderen Erkrankungen, meist infektiöser Natur, spielt er häufig eine nützliche Rolle. Das lateinische Gemurmel von Dr. Kokkus sollte demnach die für seinen Patienten Karg zweckdienliche Funktion der nun offensichtlichen Eiterbildung ansprechen. Und auch im Fall von Hinterer - ihn wird dies sicherlich nachträglich nochmals erschrecken - wäre die Aussage des Oberarztes angebracht gewesen. Bloß - bei Hinterer war die Sache, also eben auch die gute und löbliche Angelegenheit rasch, stürmisch, anfangs auch sehr schmerzhaft vor sich gegangen. Bei Karg, na ja, verlief das Ganze eben langsamer, zögerlicher.

Schauen wir uns deshalb das obszöne Etwas namens Eiter doch mal genauer an, und zwar unter dem Mikroskop! Entdecken werden wir zum Ersten Bestandteile aus dem Körper unserer Patienten: neben einem wässrigen Anteil, einer Art Serum mit Eiweißstoffen, finden sich besonders weiße Blutkörperchen, die Soldaten der Abwehr - diese tragen den Hauptanteil bei der Liquidierung der für den Körper schädlichen Krankheitserreger. Sogar „Fresszellen" gibt es unter ihnen. Reste von Körperzellen, die dem Entzündungsprozess zum Opfer gefallen sind, wird man entdecken. Auch die eigentlichen Verursacher des Debakels wird man zum Zweiten erkennen - massenhaft Bakterien. Beide sind ja im Kriegszustand und mittels der Eiterbildung wurden Letztere in einer ersten Attacke erfolgreich eingekesselt. Die bis vor 130 Jahren nahezu noch unbekannten Krankheitserreger sind somit durch die Zellen von Karg und Hinterer erfolgreich umzingelt, isoliert und teilweise schon unschädlich gemacht worden. Name und Adresse der Eitererreger sind heute meist gut bekannt. Zu den häufigsten gehören dabei die Streptokokken und die Staphylokokken. Kokken meint „Kugeln" - diese

Bösewichter weisen tatsächlich nicht die den Bakterien zugeschriebene Stäbchenform, sondern eine kugelige auf, erkennbar unter dem Mikroskop.

Kultur mit Eiterbakterien (Staphylokokken) in einem mikrobiologischen Labor.

Das ganze Sammelsurium von Verursachern und Bekämpfern muss nun nur noch erfolgreich den Körper verlassen können. Dahingehend kamen die alten Gelehrten zu einer zweiten, ebenso wichtigen Erkenntnis, selbstredend wieder lateinisch verpackt: „Ubi Pus, ibi evacua!" raunten sie sich bereits in ihren noch vom Kerzenschein erleuchteten Hörsälen und Spitälern zu. Und - im Gegensatz zum ersten, oben dargelegten lateinischen Lehrsatz der alten Wundärzte - ist dieser zweite auch heute noch uneingeschränkt gültig. Der Eiterherd (lateinisch „pus" = Eiter) müsse eröffnet werden, heraus aus der oft so schmerzhaften Verpackung im Körper („evacua"). Nichts anderes als das meinte Dr. Kokkus zu Hinterer, als er ihm zu verstehen gab, dass seine Angelegenheit „nach dem Skalpell schreie...". Bei Karg war es nicht so schmerzhaft. Aber auch sein Eiter, tief verborgen in seinem Körper und von niemandem als solcher erkannt, suchte sich seinen Weg nach draußen. Er fand ihn ohne Skalpell - entlang eines gebahnten anatomischen Weges verließ er seine ursprüngliche Stätte selbst und entleerte sich über die Öffnung in der Leistenbeuge. Seitdem begann Kargs Erholung...

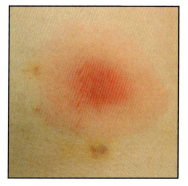 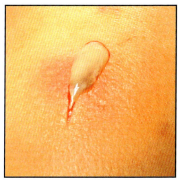

Ubi Pus: Düsterrot präsentiert sich die förmlich nach dem Messer schreiende Eiteransammlung (Abszess) unter der Haut - links. Ibi evacua: Der erlösende Schnitt ist erfolgt - gelblicher Eiter entweicht aus seinem Verlies - rechts.

Bezichtigen Sie den Autor nicht des „Eiter-Fetischismus", wenn er Ihnen nun vorsichtig vor Augen führen möchte, wie die Beschaffenheit, also Farbe, Geruch oder Zähigkeit der von den Betroffenen so gefürchteten Brühe sogar noch Aufschlüsse über Ursache und Lokalisation einer Krankheit geben kann. Denn Eiter ist nicht generell gelb, wie es der (Patienten-)Volksmund vielleicht meint... Einen charakteristischen Geruch, dem einer gerade benutzten Toilette stark ähnelnd, hat der Coli-Eiter. Richtig, Sie haben es schon einmal gehört - Coli-Bakterien, sie haben ihr Domizil im Darm, und bei Darmerkrankungen kann sich solcher Eiter bilden. Auch bei Hinterer wies der Bakteriologe massenhaft Coli-Bakterien in seinem Abszess-Eiter nach (diese zeigen übrigens die erwartete Stäbchenform). Unerfreulicher ist es aber, wenn der gewonnene Eiter grünbläulich aussieht - bestimmte „Problemkeime", die sich gegen viele Antibiotika beharrlich wehren, können sich dahinter verbergen. Ganz besonders haben sich die Haare des behandelnden Doktors noch ein bis zwei Generationen vor uns gesträubt, wenn das Labor ihm mitteilte, dass sich in dem Eiter ja gar keine Bakterien fänden - solch ein „steriler Eiter" brachte Arzt und Patient häufig auf die Fährte der Volksseuche

Tuberkulose... Natürlich schwammen Robert Kochs Tuberkulose-Bazillen auch in diesem Eiter, aber sie waren nur einer jetzt im zweiten Gang speziell angesetzten Untersuchungsmethode zugänglich! Dass sich auch die Haare der jetzigen Medizinergeneration noch sträuben können, zeigt sich mehr und mehr angesichts der Tatsache, dass zunehmend Keime auf den Plan treten, die gegen nahezu sämtliche Antibiotika unempfindlich sind. Diese als multiresistent bezeichneten Bakterien sind eine Herausforderung für die moderne Medizin.

Eiter - er ist mehr als nur ein lästiges Entsorgungsprodukt der Einrichtung „Krankenhaus". Er spielt eine wichtige Rolle beim Bewältigen vieler Krankheiten; er zeigt sogar den Widerstand des Patienten gegen die ihn attackierenden Krankheitskeime an. Und - richtig angefasst (man denke nochmals an das „evacua"...!) - bringt er den von seiner Krankheit Geplagten meist auf den so ersehnten Weg der Genesung.

Bei Hinterer hatten sich kleine Drüsen im Enddarm verstopft. Da ihr Sekret nicht mehr abfließen konnte, kam es zum Stau. Bakterien, aus der Familie derer von Coli also, kamen hinzu und machten das Desaster perfekt. Mit der schmerzhaften Eiterbildung nahm Hinterers Körper sich zunehmend der Sache an. Der ganze Prozess wurde eingegrenzt, eine Maschinerie zur Abwehr der Entzündung mit ihren Herren von Coli kam in Gang. Der befreiende Schnitt von Dr. Kokkus gab der Angelegenheit nur noch einen endgültigen und rühmlichen Abschluss nach außen...

Grundsätzlich nicht anders war es bei Karg; nur brauchte die Angelegenheit bei ihm mehr Zeit, sein erkranktes Organ war weiter von der Außenwelt entfernt als bei Hinterer und die ganze Erkrankung war aggressiver. Seine Bauchspeicheldrüse, gelegen in der Tiefe des Bauchraumes und eher nahe der Wirbelsäule, hatte sich entzündet. Diese heimtückische Krankheit verläuft auch heute sehr oft noch tödlich. Karg's Pankreas, so des Mediziners Name für sein gebeuteltes Organ, bekam aber irgendwie die Kurve. Mit der Eiterbildung wehrte es sich erfolgreich. Bloß - wo nun hin mit der beträchtlichen Menge an Eiter, Resultat einer letztlich aufgelösten Bauchspeicheldrüse?

Heutige Röntgenuntersuchungen lassen den Arzt die Eitermassen hinter den eigentlichen Bauchorganen erkennen, und die entlastende Operation wird dann folgen. Anders bei Karg, als die Computertomografie allenfalls die ersten amerikanischen Kliniken erreicht hatte: Sein Eiter wühlte sich in seinem Körper vor (sie erinnern sich - lange ging es ihm schlecht). Zwischen Wirbelsäule und Bauchhöhle sich vorkämpfend, fand die letztlich nach einem wortwörtlichen Ausweg suchende Flüssigkeit schließlich eine Bahn in der linken Leistenregion, durch die sowieso Gefäße und Nerven ihren Weg vom Körperstamm in das Bein nehmen. Hier endlich war der Weg zur Außenwelt, ähnlich wie bei Hinterer von vornherein, kurz und die Haut wurde durchbrochen - Karg schwamm nun also in seinem Eiter, dessen erfolgreicher Austritt aus seinem Körper sein Leben gerettet hatte.

Sie haben Ihre alte Abscheu vor Eiter jetzt sicherlich verloren? Denn er ist ein Zeichen dafür, dass sich Ihr Körper mit seinen Widersachern herumschlägt. Und dass er sie besiegt! Hoffentlich immer! Oder haben Sie noch nicht gehört, wie dieser Splitter oder jener Dorn einfach aus dem Körper Ihres Bekannten „herausgeeitert" ist?

Gehört am Behandlungstag **sieben**:

Von einem, der wiederkehrte und das Gruseln gelernt hatte

Nein, um Kriegsheimkehrer soll es hier nicht gehen, nach Art eines Remarque etwa oder einer „Erziehung vor Verdun". Nein, wir bleiben unseren Erlebnissen im Krankenhaus treu. Wer im obigen Titel allerdings an die Gebrüder Grimm erinnert werden sollte, liegt nicht ganz falsch. In der obenstehend abgebildeten grusligen Geschichte der beliebten deutschen Märchenautoren bleibt er namenlos, jener missratene jüngste Sohn seines Vaters, der unbedingt das Fürchten lernen wollte. Dass er am Ende eine Prinzessin heiratete - nun, dafür ist es eben ein Märchen. Und wie er schließlich das Fürchten (oder gar das Gruseln) doch noch lernte - Sie wissen um den morgendlichen Schreck mit den glitschigen Fischen? - auch das ist eben typisch Märchen.

Peter nun, der Held unserer folgenden Begebenheit, zog eigentlich nicht aus, um das Fürchten zu lernen. Er, dessen Nachnamen wir tunlichst verschweigen, war beruflich Beamter einer mittleren Behörde (der sprichwörtlich ruhige Beamte somit). Er zog ins örtliche Krankenhaus. Besser gesagt, musste ziehen. Seit Monaten hatte sein Hausarzt es ihm ans Herz gelegt. Es wäre doch alles Routine, die Untersuchungen und auch der vielleicht erforderliche Eingriff. Und war es ja auch. Vollauf zufrieden war Peter eigentlich mit dem Werk der Ärzte und Schwestern. Endlich war er wieder zu Hause und sein gesundheitliches Problem war geklärt. Aber - er hatte das Fürchten gelernt. Oder sogar das Gruseln. Vielleicht nicht so plötzlich wie Grimms Tunichtgut mit seinen glatten Fischen, aber umso nachhaltiger. Ein nächstes Mal ein Krankenhaus aufsuchen - das würde er sich gründlich überlegen! Und wenn er neuerdings beim abendlichen Fernsehprogramm mit seinen Werbepausen den allzu häufigen Slogan „...fragen Sie Ihren Arzt oder Apotheker" vernimmt, kommt ihn schon mal ein heimliches Gruseln an. **Was war passiert???**

Noch die beruhigenden Worte seines Hausarztes im Ohr, stellte er sich am ersten Tag in der Klinik auf alle möglichen Untersuchungen ein. Er hatte schon von Nachbar Gesprächig von der „Röhre" gehört, die aber nur für Leute mit Platzangst zum Fürchten sei. Auch dass gewissermaßen alle Körperöffnungen heute gespiegelt werden könnten - tatsächlich brächte man lange Schläuche ein - wusste er von Gesprächig. Und wirklich eröffnete ihm Dr. Harmlos schon nach der Aufnahme in die renommierte Klinik, dass man ihn in die Röhre schicken möchte und einige Spiegelungen vornehmen wolle, bevor nach vier Tagen zwei kleine Eingriffe stattfinden sollten. Nach einer Woche wäre er dann wieder in seinen eigenen vier Wänden.

So schnell ging es aber nicht! Das Ganze hatte ein Vorspiel. Schritt für Schritt wurde Peter durch Dr. Harmlos zunächst erklärt, was es mit seinen Untersuchungen auf sich hatte. Er müsse Bescheid wissen über den Zweck aller medizinischer Maßnahmen, ja auch über mögliche Komplikationen und Folgen. Er müsse komplett aufgeklärt sein und als Patient zu allen Untersuchungen und Behandlungen seine schriftliche Einwilligung geben. Dazu holte der jetzt eher einem gesprächigen Conferencier ähnelnde Mediziner ein Prospekt nach dem anderen aus Peters Krankenakte. Aufklärungsbögen nannte der unermüdlich erläuternde Weißkittel die sauber gegliederten Abhandlungen. Da vier Untersuchungen und zwei Eingriffe auf Peter zukamen, erhielt er sechs Bögen zu je vier Seiten DIN A 4. Ach ja, die Bögen über eine eventuelle Blutübertragung und die nötige Thromboseprophylaxe - fast hätte Dr. Harmlos sie vergessen - packte er vor dem Verlassen des Zimmers auch noch auf Peters kleinen Nachttisch.

Eigentlich war es ja nicht so schlimm für Peter, denn sein Hobby war - Lesen. Nächtelang konnte er seinem Hobby frönen, während Ehefrau Elvira schlief. Seine Lieblingslektüre waren Horrorromane und Krimis. Auch Gruselfilme verschmähte Peter nicht. So kannte er sich aus mit Edgar Allan Poe, Edgar Wallace, Agatha Christie und englischen Spuk-Schlössern. Auch Graf Dracula à la Frankenstein lebte nachhaltig in der Fantasie des gerne schmökernden Beamten. Also widmete er sich der ihm nun auferlegten Lektüre. Dabei blieb er vorerst noch recht entspannt. Vielleicht ließen sich die losen Blätter, die den Umfang einer kleinen Zeitschrift annahmen, auch zusammenheften und später seiner häuslichen Bibliothek angliedern. Er wollte Dr. Harmlos darum ersuchen, wenn er ihn wieder traf.

Das Studium der mit interessanten Zeichnungen geschmückten literarischen Neuerwerbung bestätigte ihn auch mehr und mehr darin, dass er wahrscheinlich soeben einen Bestseller seines geliebten Genre, der Grusel- und Horrorliteratur, erworben hatte. Was er hier von möglichen Löchern in Magen, Darm oder Harnblase, von Blut- und anderen Vergiftungen, von Störungen des Sexuallebens gar las, konnte kein Frankenstein-Roman besser bieten. Sogar mit Folgeeingriffen und Nachbehandlungen drohten manche Blätter - die von Dr. Harmlos versprochene eine Woche kam ihm jetzt wie der schwarze britische Humor vor. Mehr und mehr ging ihm die Sache an die Nieren - von möglichen Nierenschäden sprach fast jede Seite... Herzlos kamen ihm schließlich Dr. Harmlos und das ganze Krankenhaus vor - die eventuell negative Wirkung nahezu aller Maßnahmen auf Herz und Kreislauf machten den Nieren in jedem Absatz des Pamphlets Konkurrenz, wie er seine Lektüre jetzt nannte... Als er am Ende jedes dieser Machwerke schließlich noch seinen Namen vermerkt sah und die Aufforderung, hier zu unterschreiben, war es aus mit der Ruhe des Beamten. Frenetisch betätigte er die Klingel und verlangte nach Dr. Harmlos.

Der Ausgang des Ganzen? Eigentlich haben Sie es oben ja schon gelesen. Alles verlief normal. Peter war nach der versprochenen Woche, erfolgreich behandelt, wieder zu Hause. Und saß nach weiteren zwei Wochen wieder an seinem behaglichen Beamten-Schreibtisch. Und dennoch war er aus seinem Gleichgewicht, aus seiner sprichwörtlichen Beamtenruhe, empor geschreckt worden. Und zwar nachhaltig.

„Aufklärung" - welche Assoziationen weckt dieser gewiss nicht fremdartige Begriff bei Ihnen? Der literarisch Bewanderte wird an Lessing denken oder die Errungenschaften im Zuge einer modernen Geisteshaltung. Kenner von Mrs. Marple oder Sir Conan Doyle werden eher dazu neigen, Aufklärung mit dem Ergreifen und Bestrafen von Verbrechern in Zusammenhang zu bringen. Hämisch wird sich mancher dagegen an die mehr oder weniger gescheiterten „Aufklärungsversuche" seiner Eltern in der Phase seiner Pubertät erinnern.

Wenig mit Häme hat die erforderliche Aufklärung des Patienten in einer ordentlichen Klinik zu tun. Um knallharte juristische Fakten geht es - wir leben ja bekanntlich in einem Rechtsstaat. Und den Gepflogenheiten des Rechtsstaates ist nachzukommen, auch im Krankenhaus! Gepflogenheiten? Gewohnheiten also? Dies ist wie in Peters Fall mit seiner „Gruselektüre" oft gar nicht so einfach, wie es zunächst klingt. Einerseits kann das Versäumnis ärztlicher Aufklärung vor medizinischen Maßnahmen Krankenhäuser oder Ärzte in erhebliche rechtliche Schwierigkeiten bringen. Andererseits ist gerade diese ärztliche Pflicht gesetzlich nicht nach Art und Weise einer Straßenverkehrsordnung geregelt.

Starten wir nun den Versuch, etwas Einblick in die Rädchen der

Rechtsmaschinerie vor dem Hintergrund von Peters Erlebnissen zu bekommen. Bereits das Studium weniger allgemeiner Paragraphen des Grundgesetzes und des Strafgesetzbuches lassen sofort eine wichtige Schlussfolgerung zu: Ärzte sind notorische Kriminelle! Sie machen sich rund um die Uhr der Körperverletzung schuldig. Und ebenso ihre vielen „Helfershelfer"! Die Personaldecke unserer Gerichte müsste eigentlich um das Mehrfache aufgestockt werden, um die Flut an erforderlichen Prozessen zu ermöglichen! Sie lächeln? Nun - lassen Sie sich die Augen öffnen! Anhand von drei Mitmenschen, in deren Lage Sie morgen oder übermorgen geraten könnten!

Beatrice, einem jungen hübschen Mädchen mit Traumfigur, deren Nabelgegend überdies ein schönes Blumen-Tattoo ziert, wird erbarmungslos in den Bauch geschnitten. Mit einem Messer. Oder: Oma Milda macht nach der aufwendigen medikamentösen Therapie eher den Eindruck, als hätte sie sich eine Vergiftung zugezogen. Schließlich: Onkel Richard, passionierter Raucher seit 50 Jahren, war vor 4 Wochen in die empfohlene Klinik unweit seines Schrebergartens gelaufen. Heute wird er zurückgebracht - mit dem Krankentransport allerdings, denn ihm fehlt ein Bein…! Und nun lesen Sie bitte in Artikel 2 unseres so geschätzten Grundgesetzes: „Jeder hat das Recht auf Leben und körperliche Unversehrtheit. Die Freiheit der Person ist unverletzlich." Und § 223 des Strafgesetzbuches führt logischerweise aus: „Wer eine andere Person körperlich misshandelt oder an der Gesundheit schädigt, wird mit Freiheitsstrafe bis zu fünf Jahren oder mit Geldstrafe bestraft." Noch eins drauf legt der Folgeparagraph 224, der für den Tatbestand der *gefährlichen* Körperverletzung noch höhere Strafen androht. So führt er konkret aus, dass die *„Beibringung von Gift"* oder die Benutzung einer *„Waffe oder eines anderen gefährlichen Werkzeugs"* eben als „gefährlich" gelten. Nun lassen Sie uns nach unseren drei Probanden fragen! War das zur Verunstaltung des ehemals so erotischen Bauches von Beatrice benutzte Skalpell etwa kein „gefährliches Werkzeug"? Oder - war das Medikament von Oma Milda, dessen Waschzettel 93, zum Teil bedeutsame Nebenwirkungen aufwies, etwa kein Gift, ihr beigebracht in Form säuberlich sortierter Pillen oder sorgfältig zubereiteter Infusionslösungen? Und dass es mit der Unversehrtheit von Onkel Richard nach dem Klinikaufenthalt vorbei war, liegt wohl auf der Hand!

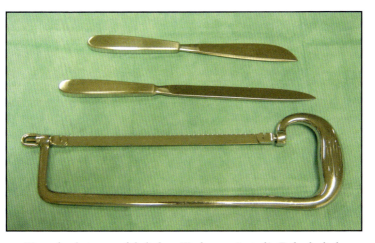

Wenn das keine „gefährlichen Werkzeuge" sind!: Erforderliche Instrumente für eine Amputation.

Sie wollen jetzt beschwichtigen? Schließlich wurde die hübsche Beatrice ja nicht von einem kriminellen Messerstecher attackiert, sondern der vereiterte Blinddarm war es vermutlich, von dem sie ein wohltätiger Chirurg befreit hat. Und Oma Milda ist auch nicht das Arsenik-Opfer eines des Wartens überdrüssigen Erben geworden. Vielmehr hat ihr die moderne Medizin mittels einer Chemotherapie vielleicht gerade das Leben verlängert. Onkel Richard wird letztlich sogar froh gewesen sein, dass das schmerzende und eiternde Bein endlich nicht mehr zu ihm gehört; dass seine Raucherkarriere so enden würde, das hatte er sowieso seit Jahren geahnt.
Trotz Ihrer wohlgemeinten Beschwichtigung - das deutsche Gesetz (und das anderer Staaten nicht minder) bleibt hart - jeder ärztliche Eingriff in die körperliche Unversehrtheit stellt die Tat einer Körperverletzung dar. Oder anders ausgedrückt: Der

ärztliche Eingriff ist rechtswidrig! Also lieber doch zum Homöopathen gehen? Oder nur noch Ärzte, die Naturheilkunde betreiben, konsultieren? Oder sich einfach nur von der Krankenkasse beraten lassen? Nun - sie werden ahnen, was aus Beatrice, Onkel Richard und Tante Milda dann geworden wäre!

Beenden wir endlich unsere gedankliche Reise und stellen fest, dass ja letztlich alles seinen rechtsstaatlichen Gang gegangen ist. Mittels dreier Voraussetzungen nämlich konnte der Vorwurf der Körperverletzung bei unseren Dreien vom Tisch gewischt werden. Als Erstes wurde ihnen ausführlich und kompetent erläutert, was man mit ihnen vorhatte und warum und wie. Als Zweites willigten Beatrice, Oma Milda und Onkel Richard in die Therapie ein und bestätigten das mit ihrer Unterschrift. Dass die dritte Voraussetzung, den Eingriff fachgerecht auszuführen, erfüllt würde, darauf vertrauten sie zumindest stillschweigend.

Auch wenn es kein „Aufklärungsgesetz" in Deutschland gibt - nur wenige medizinische Maßnahmen, z. B. Transplantationen, sind dahingehend gesetzgeberisch geregelt - eine Vielzahl von richterlichen Entscheidungen wurde auf dem Gebiet erlassen. Bis hin zu Sprüchen des Bundesgerichtshofes geht die Palette der für die tägliche Krankenhauspraxis verfügbaren juristischen Hilfen. Die Krankenhausgesellschaft schließlich gibt umfangreiche Empfehlungen zur Materie, die letztlich jede Klinik schon organisatorisch dazu anhalten, alle Maßnahmen zu ergreifen, ihren Patienten eine juristisch lupenreine Aufklärung angedeihen zu lassen.

Leider war es gerade dieser so wichtige Part jeglicher Behandlung, der unserem werten Beamten Peter die Laune verdorben hatte. Die Ausführungen zu seiner Patientenaufklärung sind ihm so nahe gegangen, dass ihm dadurch der Klinikaufenthalt vermiest wurde. Es wurde die reine Horrorsituation für ihn. Nun - gewiss ein extremes Beispiel, unser Beamter; vielleicht stand er eben doch nicht so richtig im Leben. Auf alle Fälle: Völlig unterschiedlich lassen die Patienten die Aufklärung in der täglichen Krankenhauspraxis über sich ergehen. Der eher legere Typ lässt sich rasch den Stift zur Unterschrift geben nach dem Motto „Es muss ja sowieso sein…". Andere werden Rückfragen haben oder

Bedenkzeit erbitten. Hin und wieder schockiert ein Patient schon mal seinen Arzt, indem er geradeheraus fragt, ob er das Ganze wohl überlebe. Kurioserweise fragen viele Patienten aber nur nach der Uhrzeit, in der ihr Eingriff stattfindet, oder nach der Dauer des Eingriffes. Und interessanterweise ist eine ebenfalls häufig gestellte Frage die, ob man denn wieder aus der Narkose aufwache. Oft auch argumentiert der Kranke als Laie in etwa - „Doktor, Sie wissen, was zu machen ist, ich habe keine Ahnung…"

Am ärgsten dürfte es dabei immer noch die Notfallpatienten, unter ihnen besonders die alten Menschen, treffen. Stellen Sie sich die betagte Dame vor, der die Teppichkante neben ihrem Sofa zum Verhängnis wurde. Nach der raschen Einlieferung ins Krankenhaus bestätigt sich die befürchtete Diagnose: Schenkelhalsfraktur. Dem kann heutzutage allerdings rasch und wirkungsvoll begegnet werden - mit einer Operation noch am selben Tag. Nun gerät sie aber zunächst in die Aufklärungsmühle der um sie bemühten Ärzte. Noch in der Notfallaufnahme flattert ihr ein Bogen entgegen, der ihr gründlich Notwendigkcit und Komplikationsmöglichkeiten der Einbringung eines künstlichen Hüftgelenkes erläutert. Der freundliche Aufnahmearzt erklärt dabei Vieles. Indes schmerzt sie die Fraktur bei jeder Regung auf der Notfallliege; andererseits ist sie durch ein starkes Schmerzmittel schon so im Dusel, dass sie gar nicht mehr alles mitbekommt. Aber noch mindestens drei weitere Bögen, jeweils vier oder fünf klein bedruckte A4-Seiten umfassend, werden der schwerhörigen Rentnerin vor die Nase gehalten. So muss sie natürlich über die notwendige Thromboseprophylaxe, der ein eigenes Aufklärungsmonster gewidmet ist, unterrichtet werden; und auch die vielleicht erforderliche Blutübertragung bedarf etlicher Erläuterungen. Schließlich erscheint der gründliche Anästhesist mit einem gesonderten Exemplar, da der Eingriff ja schließlich mit einer Betäubung einhergeht. Als sie letztendlich mit vier Unterschriften ihr „ja" zu allem geben soll man hilft ihr beflissentlich beim Halten der unhandlichen Papiere - fällt ihr ein, dass die Brille zu Hause geblieben ist und sie sowieso nichts sehen kann… Sie ist froh, als es endlich in den OP-Saal geht.
Peters Reaktion macht uns klar - die ärztliche Aufklärung ist kein notwendiges Übel am Rande. Sie ist ebenso eine Kunst wie die Behandlung selbst, wobei hier Talente wie Einfühlungsvermögen, Behutsamkeit oder Taktgefühl besonders gefragt sind. Aber auch Zeit und Gründlichkeit sind dazu vonnöten. Es geht nicht immer um die Rechtfertigung einer tatsächlichen Körperverletzung - man denke nochmals an Beatrices Bauch oder Onkel Richards Bein. Oft besteht auch nur das geringfügige Risiko einer möglichen Komplikation vergleichbar mit dem

Besteigen eines Flugzeugs.
Viele Nuancen weist das Feld der Aufklärung auf. Einig ist man sich erst einmal darüber, dass dies eine rein ärztliche Aufgabe ist. Keinesfalls darf dem Patienten einfach ein Aufklärungsbogen in die Hand gedrückt werden, den er zu unterschreiben habe. Die Inhalte der so wichtigen Unterredung sind ebenfalls relativ klar abgesteckt. So sind dem Betroffenen nicht nur die vorgesehenen Maßnahmen, sondern auch der Charakter seiner Erkrankung, der Verlauf derselben ohne den vorgesehenen Eingriff, Alternativen, besonders aber die Risiken der vorgesehenen therapeutischen oder diagnostischen Maßnahme aufzuzeigen - an letzteren hatte sich ja gerade Peters Gruselanfall entfacht. Den zeitlichen Rahmen der Aufklärung geben viele Empfehlungen vor - so fordert man im Krankenhaus immer wieder das Gespräch am Tag vor der Maßnahme. Selbst das „Wie" des Gesprächs wird thematisiert, und die Deutsche Krankenhausgesellschaft geht dabei besonders auf unseren Peter ein, wenn sie eine für den Patienten als medizinischem Laien **„behutsame und verständliche"** Weise der Aufklärung fordert und darauf pocht, „den Patienten nicht in unnötige Ängste zu versetzen und nicht unnötig zu belasten". Zu vielen Sonderkonstellationen, so denen des nicht einwilligungsfähigen Patienten oder die der Notfallsituation zum Beispiel, werden die Mediziner ausführlich beraten.
Deutschlandweit üblich ist die Benutzung von urheberrechtlich geschützten Aufklärungsbögen, obwohl dies nicht unbedingt vorgeschrieben ist. Vorrang hat immer das Gespräch mit dem Arzt, wobei die Bögen hilfreich sein können. In Peters Fall waren sie es aber anscheinend nicht! Hat Dr. Harmlos bei ihm versagt oder nahm er sich zu wenig Zeit für den ängstlichen Beamten? Oder sollten die genannten Aufklärungsbögen kürzer und weniger mitteilsam gefasst sein?

> *Kurz und spartanisch, heute aber völlig undenkbar:*
> *Ein Aufklärungsformular aus der DDR - hier zur Gallenoperation*
> *des Autors.*

Eine pauschale Antwort kann hier gewiss nicht gegeben werden. Gemäß dem Anliegen dieser Schrift, den werten Leser hinsichtlich des „Ernstfalls Krankenhaus" etwas entspannter zu machen, soll ihm vermittelt werden, dass die Aufklärung, mit der er konfrontiert wird, keinesfalls eine Schule des Gruselns ist, auch wenn es um ernstere Sachverhalte geht als um die „glitschigen Fische" in Grimms Märchen. Indem der Arzt mit ihm spricht und sich auch der Bögen und ihrer erläuternden Zeichnungen bedient, soll dem Klienten der Klinik sein volles persönliches und juristisches Selbstbestimmungsrecht über seinen Körper zugesichert werden, auch in der „Ausnahmesituation Krankenhaus".

Realisiert am Behandlungstag **acht**:

Endlich beim Spezialisten

Oder: Wie der Blinddarm, äh Wurmfortsatz von Alfred Pendix doch noch gefunden werden könnte…

Eine wahre Begebenheit! Abgespielt hat sie sich in einem alten sächsischen Stadtkrankenhaus vor mindestens 20 Jahren. Erna Gimpel, eine liebenswerte Seniorin, sollte entlassen werden, nachdem ihr Herz wieder auf Vordermann gebracht worden war. Ihr behandelnder Arzt wollte ihr noch etwas Gutes tun für die Spondylose. Ihr Rücken nervte sie, das wusste er. Also schlug er vor, ihr noch einige Massagen für die geplagte Wirbelsäule zu verordnen. Dankbar blickte Erna Gimpel ihren Wohltäter an, erklärte dann aber stoisch dem erstaunten Internisten: „Ach vielen Dank, Herr Doktor, aber ich habe diese Woche sowieso noch einen Termin bei meinem Ornithologen…"

Wer hat hier wohl einen Vogel? - dachten sofort der Doktor und die ihn begleitende Visitenschwester und lautstark lachten sie los, als sie im Stationszimmer endlich allein waren.
Die arme alte Dame - sie kam ja bloß nicht ganz mit den Namen der von ihr gewiss verehrten medizinischen Spezialisten zurecht. Na klar, zum Orthopäden wollte sie mit ihrem Rücken. Nun, mag die Verwechslung vielleicht auch recht krass und überdies für unser Visitenpersonal sehr belustigend gewesen sein - seine liebe Not mit den Namen der ihn behandelnden Experten wird mancher Zeitgenosse schon haben! Immerhin hatte Oma Gimpel die ersten zwei Buchstaben ja richtig behalten - zu einem Or… wollte sie mit ihrem geschundenen Rücken. Irgendwie schien es in ihrem Unterbewusstsein vielleicht auch zu sitzen, dass die großen Experten ja meist irgendwelche *…logen* sind; und somit war sie eben gedanklich beim Ornitho*logen* gelandet. Also gar nicht so absurd, der Gedankengang von Erna Gimpel.

*Vielleicht hatte Erna Gimpel hier ihren Termin beim Ornithologen -
in der Vogelberingungsstation auf der Ostseeinsel Greifswalder
Oie...?*

In der Tat, der Orthopäde, der Mann also für Gelenke und Rücken, tanzt hier etwas aus der Reihe. Und das wahrscheinlich in mehrfacher Hinsicht. Auf alle Fälle bezüglich seines Namens. Er ist, wie schon festgestellt, kein *...loge* wie die meisten seiner ärztlichen Kollegen. Selbst die Analyse seines Namens, der wir uns noch widmen werden, schafft weitere Verwirrung. Wir können der alten Dame ihre Verwechslung folglich gar nicht so sehr verübeln. Und zu behaupten, dass sie einen Vogel hätte, weil sie den Vogelkundler, den Ornitho*logen*, zur Behandlung ihres Rückenleidens zu Rate ziehen wollte, dürfte zumindest ungerecht sein.

Versuchen wir nun gemeinsam mit Erna Gimpel, etwas Licht in das Gewirr medizinischer Spezialisten zu bringen. Letztlich sollen Sie, werter Leser, davon profitieren, wenn Sie den nächsten Überweisungsschein ihres Hausarztes - sprich Allgemeinmediziners, dessen Fachbezeichnung Ihnen ja noch einleuchten dürfte, zum Spezialisten in der Hand halten. Um zwei Dinge wollen wir bemüht sein. Zuerst wollen wir etwas Licht in die geheimnisvollen Namen unserer Experten bringen. Natürlich kommen wir zweitens nicht umhin, etwas zum Sinn oder Unsinn des Spezialistenwesens zu sagen...

Fangen wir getreu Punkt eins an, anhand des schon hervor-

gehobenen ...*logen* in die geheimnisvolle Expertenterminologie einzusteigen. Die Bedeutung diverser ...*logen* dürfte Lieschen Müller & Co. durchaus gut bekannt, wenn nicht gar vertraut sein. Klar, worum es geht, wenn sie ihren Gynäko*logen* aufsucht. Ebenso unverfänglich dürfte es mit dem Rheumato*logen* sein, der den Namen dessen, was den Patienten plagt, ja schon in seiner Fachbezeichnung trägt. Und gleichermaßen wird selbst beim Allergo*logen* zu erkennen sein, dass er wahrscheinlich für juckende Augen, Heuschnupfen und Allergien aller Art zuständig sein dürfte. Ominös dagegen wird der Tipp bleiben, sich einem Andro*logen* anzuvertrauen, zu einem Phlebo*logen* zu gehen oder gar einen Otorhinolaryngo*logen* aufzusuchen. Oder erst gewisse Leute ohne das mittlerweile vertraute ...*loge* zu konsultieren! Woran ein Visceralchirurg oder ein Facharzt für endovaskuläre Chirurgie herum schneidet, wird dem unbedarften Patienten genauso verborgen bleiben wie der tiefere Sinn der Hinzuziehung eines Nuklearmediziners oder eines Humangenetikers.
Etwas Interesse an der Sprache der alten Griechen und dem Latein der alten Römer wird uns jetzt zugute kommen. Denn bis heute vermochten wir deren sprachliches Erbe nicht von uns abzuschütteln. Das griechische *„logos"* ist so einer dieser anhänglichen Wortstämme. Selbst bis in den Volksmund hat es sich durchgemogelt: das ist *„logo"* - meint man burschikos und will damit sagen, dass etwas klar, vernünftig, eben logisch ist. *„Logos"* - damit meinten die Griechen die Vernunft, das Wort, und „Wissenschaft, Lehre…" wurde in unserem Sprachgebrauch schließlich daraus. Also - Sie gehen auf alle Fälle zu einer wissenschaftlichen Kapazität, wenn Sie zum ...*logen* gehen. Und solch eine Kapazität wollte berechtigterweise auch Erna Gimpel für ihren Rücken beanspruchen, wenn sie vom Ornitho*logen* sprach. Denn derjenige, der solch eine Wissenschaft betreibt, der sie gewissermaßen studiert hat, ein Kundiger jener Wissensdisziplin, ist eben ein ...*loge*.
Jetzt ist es natürlich sinnvoll, den ...*logen* genauer zu bezeichnen. Deutsch und Griechisch zusammen, das funktioniert meist nicht. Einen „Rückenologen" oder „Frauenologen" kann

man sich kaum vorstellen. Also muss nochmals ein griechisches (oder lateinisches) Detail zur genauen Definition ran. Flugs entstanden so unter anderem unsere bereits erwähnten Rheumatologen oder Gynäkologen. Zwar sind in beiden noch die griechischen Ursprungswörter enthalten: Im „Rheuma" verbirgt sich der fließende Schmerz (der Gelenke, des Rückens); „gynaikos" war die Frau der alten Hellenen. Beide Wortschöpfungen sind aber so weit verbreitet, dass jeder sich damit auskennt. Logo!

Je seltener der Spezialist benötigt wird, umso weniger wird Otto Normalverbraucher mit seinem hochkarätigen Namen aber etwas anfangen können. Oder man wird es kaum an die große Glocke hängen. Zum Beispiel wenn Nachbarin Yvonne Kess zum Venerologen muss, wird sie dies tunlichst verschweigen. Denn der *...loge*, in dessen Namen die Venus steckt, befasst sich nicht mit Sternenkunde, sondern mit … Geschlechtskrankheiten! Oder wenn Manfred Zaghaft einen Termin beim Andrologen hat, könnten Intelligente ja mutmaßen, dass etwas mit seiner Manneskraft nicht in Ordnung ist. Wirklich - im griechischen „andros" steckt das Pendant unserer „gynaikos", der Mann somit. Tatsächlich gibt es den Spezialisten für „Männerkrankheiten"…

Seitenlang könnten wir jetzt weitere *...logen* und ihr Metier, es gibt natürlich auch außerhalb der Medizin zahlreiche Beispiele, beleuchten. Es soll genug sein! Freuen Sie sich, wenn Sie die nächste Überweisung zum *...logen* haben! Ein Spezialist wartet auf Sie!

Ach so, den Otorhinolaryngologen sollten wir doch noch analysieren. Lassen Sie sich ganz einfach erklären, dass wir es hier mit einem HNO-Arzt zu tun haben. Zu Griechisch natürlich wieder, bloß dass das umständliche Wort, haargenau übersetzt, lauten würde: Ohrnasenhalskundiger. Der Kundige, unser *...loge*, ist klar. Als erstes dann: Oto - dahinter verbirgt sich das Ohr; weiter: rhis - die Nase - und hier eben zuletzt - Larynx - der Kehlkopf, der für den Hals steht. Lassen Sie sich nun nicht vollends verwirren, wenn verraten wird, dass wir den Otorhinolaryngologen sogar noch auseinander nehmen können.

Wirklich! Es gibt sie tatsächlich: den Otologen, den Rhinologen und den Laryngologen…

Widmen wir uns jetzt wie angekündigt nochmals unserem Extravaganten, dem Orthopäden. Warum nennt er sich nicht Orthologe, Pädologe o. ä.? Gehen wir der Bezeichnung des hoch dotierten Fachexperten, dessen Wartezimmer meist Scharen von Geplagten bevölkern, auf den Grund. „Ortho" zunächst - es ist wieder eine griechische Urform, die zahlreich in unsere heutige Sprache integriert ist. Aufrecht, gerade, wahr, gerecht bedeutet sie unter anderem. Orthodox bedeutet so auch „rechtgläubig". Doch die wenigsten unserer für Erna Gimpel so wichtigen Experten dürften orthodoxen Glaubens sein, auch wenn die Leipziger Orthopädische Universitätsklinik früher sinnigerweise neben einer schmucken russisch-orthodoxen Kirche lag. Sie werden es schon herausgefunden haben - „aufrecht, gerade" muss im Orthopäden stecken, denn er kümmert sich ja auch um verkrümmte Rücken aller Art. Und der Päde? Sagt Ihnen da nicht eher der Pädiater, der Kinderarzt etwas? Gratulation - Sie sind am Ziel angekommen. Der Orthopäde im ursprünglichen Wortsinn ist um das „gerade Kind" bemüht - und leidvoll, vielleicht auch humorvoll erinnert sich vielleicht dieser oder jener noch an das verordnete orthopädische Turnen anno dazumal, zu absolvieren in der verhassten Turnhalle der eigenen Schule… Der Orthopäde - er kümmert sich heutzutage besonders um den verschlissenen Bewegungsapparat von Oma und Opa; an seiner Bezeichnung, für ein „gerades Kind" da zu sein, hat sich allerdings nichts geändert.

Punkt zwei unserer Betrachtung: Wie weit wird das Spezialistentum noch ausgebaut werden? Sollten Sie demnach mit jedem Schnupfen zum Rhinologen, zum Nasenarzt also gehen, und wäre es der gut gebauten jungen Frau zu empfehlen, sofort den Phlebologen, den Experten für Venen konkret, aufzusuchen, wenn nach der ersten Entbindung eine kleine Krampfader das schöne Frauenbein verunstaltet?

Spezialisten, *…logen* & Co sind groß im Kommen. Werden wir kurz wieder historisch. Die Gicht, ein seit Jahrtausenden bekanntes Leiden, mag uns ein erstes Beispiel sein. Über die

Heilung eines Gichtkranken berichtet uns schon die Bibel. Fangen wir aber bei Karl dem Großen, dem Frankenkaiser vor 1200 Jahren, an. Mächtig hat ihn möglicherweise das Zipperlein, jene schmerzhafte Zehengelenkentzündung infolge einer Gicht geplagt. Beigestanden hat ihm sein Leibarzt, ein medizinischer Alleskönner. Nur er konnte dem mächtigen Regenten helfen. Kaum anders war es noch 1000 Jahre später. Jeder Arzt wusste um das Leiden und behandelte es, so gut er konnte. Etwas weiter sind wir weitere 100 Jahre später. Der Gichtpatient konnte schon wählen zwischen dem Internisten und Chirurgen. Ersterer behandelte mit Medikamenten, letzterer verschaffte mit dem Messer vielleicht Linderung dort, wo sich die Gichtknoten entzündet hatten. Dem heutigen Gichtbetroffenen stehen dagegen bei Bedarf viele Experten, unsere *...logen* demnach, zur Seite. Der Radiologe wird mittels Röntgenuntersuchung der Gelenke zur richtigen Diagnose verhelfen. Der Rheumatologe müht sich dann um die fachgerechte Linderung der Gelenkbeschwerden, wobei der Pharmakologe ihm die wirksamsten Medikamente empfiehlt. Der Stoffwechselexperte wird gemeinsam mit einer Ernährungsberaterin die richtige Kost in die Wege leiten, um die verantwortliche Störung des Harnsäureumsatzes zu beheben. Ein Nephrologe, ein Spezialist für die Nieren schließlich, muss gegebenenfalls ran, wenn die Gicht sogar die Nieren befallen hat.

Gicht im Jahre 800 - Wilhelm Busch karikierte Kaiser Karl den Großen bei einem nächtlichen Anfall. Konnte der Leibarzt helfen?

2010 - mindestens fünf Spezialisten stehen nach unserem Text dem Geplagten hilfreich zur Seite.

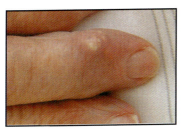

Der **Rheumatologe** behandelt das befallene Gelenk.

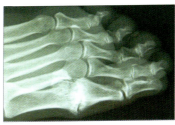

Der **Radiologe** trägt zur Diagnosefindung bei.

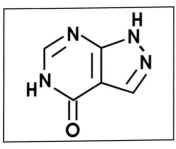

Der **Pharmakologe** hat ein Medikament zur Behandlung entwickelt.

Der **Ernährungsberater** wird vom Genuss von Hülsenfrüchten abraten.

Ein zweites Beispiel soll uns die Gilde der Chirurgen sein. Zum Chirurgen zu müssen, war noch nie der Wunsch des Patienten. Aber seit der Könner des Skalpells mithilfe der Anästhesie ohne die Pein der Schmerzen arbeitet, ist er zum gesuchten Retter, zum Idol vieler Leidgeplagter geworden. Versetzen wir uns vorerst ins Jahr 1962. Der herumtollende Junge, der sich gerade den Arm gebrochen hat, geht weinend mit seiner Mutter - zum Chirurgen. Die Oma aus demselben Haus hat sich unglückseligerweise eine Schenkelhalsfraktur zugezogen; das Krankenauto fährt sie - zum Chirurgen. Bei Opa ist der Leistenbruch eingeklemmt; er muss unverzüglich - zum Chirurgen. Da Tante Lotte endlich etwas gegen ihre Krampfadern tun muss, geht sie - zum Chirurgen. Der Vater schließlich hat sich mit der Kreissäge in den Finger geschnitten, ihm bleibt natürlich nur der Weg - zum Chirurgen. Ganz schlimm sieht es letztlich beim Nachbarn Pechstein aus. Er war vor zwei Tagen gestürzt. Jetzt ist er bewusstlos, und aus der anfänglich harmlosen Gehirnerschütterung scheint eine Blutung im Kopf entstanden zu sein; im Krankenauto mit dem Martinshorn wird er wohin verbracht? - zum Chirurgen! Ein und derselbe Chirurg des Hospitals der mittleren Stadt konnte sich mutmaßlich aller unserer Bedauernswerten annehmen und sie möglicherweise heilen.

Dieselben Kranken im Jahre 2010: Der Junge mit dem gebrochenen Arm sucht mit seiner besorgten Mutter den bestmöglichen Mann auf - den Kinderchirurgen der benachbarten Großstadt. Oma mit der Schenkelhalsfraktur kann dagegen im Heimatkrankenhaus versorgt werden - vom Unfallchirurgen. Ebenso Opa; er muss aber in die Nachbarabteilung der gleichen Klinik - zum Visceralchirurgen. Tante Lotte wurde von ihrem Hausarzt ins Krankenhaus des Nachbarkreises verwiesen - zum Gefäßchirurgen. Nachbar Pechstein wird mit dem Hubschrauber in die Landeshauptstadt geflogen - zum Neurochirurgen. Vater wird vom Hausarzt, der die Fingerwunde kurz betrachtet und die Mitverletzung von zwei Sehnen festgestellt hat, folgerichtig überwiesen - zum Handchirurgen…

Spezialisten hin, Experten her - die Entwicklung, die wir gerade anhand der schneidenden Zunft betrachtet haben, geht zurzeit unaufhaltsam ihren Weg. Auch in anderen Fachgebieten, ich meine besonders die Innere Medizin. Hier teilt man sich längst die Behandlung der einzelnen Organsysteme. Am bekanntesten sind noch der Kardiologe und der Gastroenterologe. Während Ersterer für die lebenswichtige Pumpe zuständig ist, schiebt der Zweite seine Endoskope in alle Öffnungen des Verdauungssystems. Experten für Nierenkrankheiten, Nephrologen, unsere schon strapazierten Rheumatologen und viele weitere Spezies komplettieren die Mannschaft der Internisten. Und kein modernes, marktfähiges Krankenhaus kann es sich mehr leisten,

seine Dienste ohne die wichtigsten Unterabteilungen der Inneren Medizin und der Chirurgie anzubieten. Selbst die früher schnöde als „kleine" Fachgebiete der Medizin bezeichneten Disziplinen werden heute zunehmend auseinander geschnitten. Der Otorhinolaryngologe wurde dahingehend oben schon vorgestellt.
Wie verträgt sich ein derartiges Splitting mit der viel gerühmten ganzheitlichen Medizin? Und: Haben wir es zunehmend mit einem „Fachidiotentum" zu tun oder gelangen wir bald zu einer spezialisierten High-tech-Medizin, die in Kürze jeden 100 Jahre alt werden lässt? Wie bei Vielem im Leben gibt es auch hier zwei Seiten. Spezialisten, Autoritäten für sämtliche Organe und Symptome - das klingt zunächst gut und unabdingbar. Und ihrer bedarf es auch für viele Patienten. Wissen und operative Erfahrung bündelt sich bei ihnen hinsichtlich ihres Gebietes. Und die Qualität der Behandlung, besonders auf operativem Gebiet, hat sich zugegebenermaßen durch so eine Arbeitsteilung auch deutlich verbessert. Medizinische Gesellschaften und juristische Aspekte fordern generell und ziemlich unerbittlich den Weg hin zu weiterem Spezialistentum, Subspezialistentum. Experten erscheinen aufgewertet gegenüber den Basisärzten, welche im Medizinerjargon mitunter ironisch als „Wald- und Wiesenärzte", respektive Wald- und Wiesen-Internisten abgetan werden. Die ältere Ärztegeneration warnt aber schon; auch Berufsverbände beobachten die Situation skeptisch oder sogar ratlos. Schauen wir uns nochmals unseren Chirurgen an. Vor 20 Jahren konnte ein gut ausgebildeter Arzt für Chirurgie sowohl den vereiterten Blinddarm behandeln als auch ein gebrochenes Sprunggelenk ordentlich verschrauben. Unter der heutigen Chirurgengeneration werden diese keineswegs speziellen Krankheitsbilder entweder vom Bauch- oder vom Unfallchirurgen versorgt. Keiner wird sich, schon aus juristischen Gründen, an der Materie des anderen vergreifen. Die Spezialisierung und Subspezialisierung erscheint zunehmend überzogen. Für einen Mann an der Basis mit Überblick, der einerseits einer breiten Zahl an Patienten die komplette Behandlung bei sich anbieten kann, andererseits natürlich seine Grenzen und somit die Notwendigkeit echter Spezialbehandlung erkennt,

scheint es keine Zukunft mehr zu geben. Bei den großen Disziplinen, der Chirurgie und Inneren Medizin, ist dies jedenfalls derzeit der unaufhaltsame Weg.

Bleibt nur zu hoffen, dass sich wenigstens die richtigen Spezialisten samt ihrer Fachgebiete etablieren! Und möglichst alles ...*logen*! Warum sollte es künftig nicht einen Splenologen geben? Nein, das wären keine Leute mit einem „Spleen", sondern Experten für die Milz („splen" = die Milz)! Oder einen Lacrimologen - den Spezialisten für die Tränendrüse (glandula lacrimalis = die Tränendrüse)? Auch unsere Zahnärzte sollten sich spezialisieren - ein Caninologe (zuständig für Eckzähne - Caninus = Eckzahn) und ein Molarologe (Experte für Mahlzähne - Molar = Mahlzahn) könnten sich so die Behandlungsstühle ihrer Zahnarztpraxis noch gewinnträchtiger teilen. Ein Wald-und-Wiesen-Stomatologe müsste zuvor aber in die Mundhöhle schauen; aber nur, um festzustellen, welcher der Beißerchen betroffen ist.

Zu guter Letzt sollte man die Installation eines Appendologen (oder müsste man ihn unter Umständen sogar Appendovermiformologen nennen?) vorschlagen. Diesem Experten für Blinddärme, pardon Wurmfortsätze, würde es endlich gelingen, den bis heute nicht georteten Wurmfortsatz unseres Alfred P. - Sie erinnern sich an den tapferen Herrn aus Kapitel 1? - zu finden!!!

Empfohlen am Behandlungstag **neun**:

Da sagen's halt „Herr Doktor"!

1966 etwa oder 1967. Herr Müller, Herr Meyer und Herr Schulze sind drei nette junge Männer. An der altehrwürdigen Alma mater Lipsiensis, die sich zu jener Zeit Karl-Marx-Universität, kurz KMU Leipzig, nennt, studieren sie Medizin. Ein „Herr Doktor" wollen sie nach Abschluss ihrer insgesamt zwölf Semester sein. Und das ging damals bei den Medizinern ziemlich rasch. Gegen Ende des Studiums konnte man es in der Regel schnell schaffen, mit verhältnismäßig wenig Aufwand eine Doktorarbeit zu verfassen. Als stolzer „Dr. med." verließ man schließlich die Uni. Nicht so bei den anderen Wissenschaftsdisziplinen. Teilweise jahrelange Doktorandenzeiten kamen hier dazu. Richtig ackern musste man, um dann die begehrten zwei Buchstaben endlich zu erhalten. Müller, Meyer und Schulze - heimlich erwischten sie sich manchmal beim Träumen. So malte sich Müller gelegentlich die goldenen Lettern mit dem Dr. med. aus, das vor seinem Namen prangt und die Gartenpforte zum Siedlungshaus von Oma, das er erben sollte, ziert. Hier wohnt also Dr. Müller, wird man sagen... Meyer dagegen träumte davon, dass seine Maria ihn endlich erhörte - einen Dr. Meyer zum Mann zu haben - das erhöht ganz gewiss seinen Attraktivitätsgrad. Bei Schulze ging es um etwas ganz Anderes. All seine Vorfahren waren Doktoren und Professoren. Er musste rasch zu jenen zwei Buchstaben kommen und konnte es sich nicht leisten, sein Leben als „Herr Schulze" zu fristen. Also einte ein gemeinsames Ziel unsere drei verträumten Burschen.
Bis sie ein ungeahnter Tiefschlag traf.
Nämlich die 3. Hochschulreform der DDR 1969. Man studierte ja schließlich an der Uni mit dem Namen von Marx, dem großen Erneuerer der Gesellschaft. Und die Abschaffung sämtlicher alter Privilegien stand auf der Tagesordnung im Arbeiter- und Bauern-Staat. Also fort mit dem schnellen Weg der Mediziner zum „Doktor" - sie sollten sich genauso mühen wie Biologen, Ingenieure, Philosophen & Co. Gemäß der hergestellten Ein-

heitlichkeit hatten die Mediziner nun also auch die Uni mit dem Diplom zu verlassen wie der Diplom-Lehrer, der Diplomingenieur oder selbst der Diplom-Theologe... der „Dipl.-med." war geboren. Hämische Vertreter der Nachbarfakultäten machten schnell den „Tippl-Med." daraus. Es ging also nun auch für die als hochnäsig deplazierten Mediziner nach der DDR-Tippel-Tappel-Tour: Erst das Diplom, dann der Doktor! So ein Ergebnis jener 3. Hochschulreform.

KARL-MARX-UNIVERSITÄT LEIPZIG

Bereich Medizin

verleiht

Wolfgang S c h e f f e l

geboren am 22. November 1953 in R o n n e b u r g

den akademischen Grad

Diplom-Mediziner

Die Diplom-Mediziner-Urkunde des Autors der Universität Leipzig.

Verdrießlich sitzen sie nun, Müller, Meyer und Schulze, über dem Mikroskop in jenem Institut, in dem sie ursprünglich ihre Doktorarbeit im Schnellverfahren machen wollten. Ihre wissenschaftlichen Untersuchungen und die dazu noch zu verfassenden schriftlichen Ergüsse werden sie aber nur noch bis zum Dipl.-Med. führen. Und dieses neue akademische Konstrukt wird sich Müller keinesfalls ans Gartentor schreiben. Ob es der *begehrten Maria imponiert, daran zweifelt Meyer zu Recht. Und natürlich wird Schulze damit auch nicht bei seinen akademisch hoch dekorierten Verwandten auftrumpfen können. Der Weg zu den begehrten zwei Buchstaben - er war in weite Ferne gerückt! Ein sympathischer älterer Herr, Laborant und Mitarbeiter des besagten Institutes, gebürtiger Wiener, der den entsprechenden Charme ausstrahlte, unterstützt unsere Diplomanden mit den geplatzten Doktorträumen bei ihren praktischen Arbeiten. Auch moralisch - denn er kennt ihre Frustration. Um sie wieder aufzurichten, erzählt er ihnen aus seiner Jugendzeit im Wien der 30er Jahre. Als wohlerzogener junger Mann habe er sich da stets bemüht, alle Menschen ordentlich und korrekt anzusprechen. Und das war gar nicht so einfach - liefen doch allerlei Kommerzialräte, Geheimräte, Professoren und mit zig anderen Titeln sich Schmückende in der immer noch den Mief der alten k.u.k-Hierarchie verbreitenden Hauptstadt herum. Ein Nachbar des jungen Neu-Wieners gab diesem eines Tages den Tipp, die Sache nicht ganz so ernst zu nehmen. Wohlmeinend und dem nach correctness strebenden Jüngling auf die Schultern klopfend meinte er: Ach wissen`s - wenn`s unsicher sind, wie Sie Ihr Gegenüber ansprechen sollen, da sagen's halt **„Herr Doktor"**…*

Ob sie es verstanden haben, die drei Neu-Diplomanden? Ob sie sich nun weniger grämen? Da sagen's halt *„Herr Doktor"*! Als ob der heiß erstrebte Titel gar nichts Besonderes wäre! Den man sogar als Notnagel schnell einmal so ge(miss?)brauchen könne…

Wir hoffen, dass unser alter Wiener den drei Opfern der damaligen DDR-Hochschulreform helfen konnte. Aber mit Sicherheit hatte er verkannt, dass Deutsche (und Österreicher sowieso) nach wie vor viel auf Titel halten, ja, von ihnen regelrecht fasziniert sind. Und davon wimmelt es ja geradezu in der Welt von Krankenhaus, Medizinern & Co. „Wie spreche ich ihn richtig an? Herr Doktor? Herr Chefarzt? Herr Medizinalrat?" - damit peinigen sich zumindest Vertreter der älteren Generation oft noch! Und wie viel Verwirrung herrscht dabei nach wie vor! Am cleversten hat es da wohl noch eine alte Dame mit schwerer

Demenz gemacht, der der Autor in den 80er Jahren begegnete - „Herr Arzt", sprach sie jeden Herrn in Weiß an. Obwohl sich die Schwestern stets kugelten vor Lachen, wenn sie wieder ansetzte zu ihrem „Herr Arzt" - sie hat damit nichts falsch gemacht, die verwirrte Dame… Umso mehr Fehler unterlaufen da gerade den „Wohlerzogenen", die es eben richtig machen wollen. Lassen Sie sich deshalb weiterhelfen im Dschungel der deutschen medizinischen Amts- und Titelhierarchie!

Der „Herr Doktor" - er hat noch Konjunktur, im Krankenhaus, in der Arztpraxis auf alle Fälle. Man ist also operiert worden - von einem „Herrn Doktor"; wie klänge es auch, wenn man erzählen müsse, Herr Müller oder Herr Schulze hätte einem den Blinddarm herausgenommen, letztlich wäre es dann doch nur der legendäre Pförtner gewesen… Man sieht somit, er wird gebraucht, der Doktor, auch wenn er ein „Dipl.-Med" oder gar ein Herr Meyer oder Herr Schulze nur ist. Und am Wörtchen „nur" hängt sich ein ganzer Wust von Irrtümern auf. Ganz klar, man will von einem guten Doktor behandelt werden. Aber könnte man da nicht auch zu Doktor Winkel, dem gewieften Anwalt in der Innenstadt, gehen?

Für den Franzosen keine Frage: Sein Arzt ist „le docteur…"

Oder zu Dr. Fromm, dem beliebten Pfarrer in der Propsteikirche? Oder zu Dr. Geschickt, der ein Patent nach dem anderen für den

Waschmaschinenkonzern entwickelt? Bloß: Diese drei Doktoren werden dem geplagten Patienten kaum zu besserer Gesundheit verhelfen. Dr. Winkel ist Jurist und holt dort noch was für seine Klienten heraus, wo diese sich längst auf der Anklagebank sehen. Dr. Fromm ist Theologe und für gute Predigten bekannt. Dr. Geschickt ist Staringenieur besagten Konzerns.

Es ist die deutsche Sprache, die es uns schwer macht. Leichter haben es da unsere Nachbarn. Der Franzose geht zu seinem „le docteur" und meint damit natürlich den Arzt. Auch im englischen Wörterbuch werden wir bei „the doctor" den Arzt finden. Ebenso versteht der Italiener selbstredend unter „il dottore" seinen Arzt im vertrauten Krankenhaus. Und im deutschsprachigen Raum? Lassen Sie uns zunächst die ganze Sache auf eine kurze Formel bringen, die da lautet: (Fast) jeder Arzt ist Doktor; nicht jeder Doktor ist Arzt. Noch mehr verwirrt? Nun - unser Mann, unsere Frau mit den berühmten zwei Buchstaben - sie sind Träger eines akademischen Grades bzw. Titels. Nichts weiter! Ob der Blinddarm ordentlich herausgenommen wird oder nicht, hängt von diesem Titel nun ganz und gar nicht ab, sondern schlicht und einfach vom Geschick des Herrn Müller, Meyer oder Schulze. Die Doktorwürde wird von einer Hochschule oder Universität verliehen; man nennt dies Promotion. Er, sie ist dann promoviert. Um dies zu erreichen, bedarf es zweier Voraussetzungen. So muss eine wissenschaftliche Abhandlung verfasst werden, die Dissertation oder besser als Doktorarbeit bekannt. Besiegelt wird das Ganze dann mit einer mündlichen Prüfung, die, obwohl Rigorosum genannt, meist eher verträglich verläuft. Wenn man beides erfolgreich hinter sich gebracht hat, wird feierlich die begehrte Doktorwürde verliehen. Und das geschieht bei Ärzten, Ingenieuren, Chemikern, Philosophen, Förstern,... Am häufigsten erfolgt es eben bei Ärzten und der zu leistende Aufwand für ihre Doktorarbeit ist im Gegensatz zu anderen Wissenschaftsdisziplinen eher geringer, was sich Müller, Meyer und Schulze zunutze machen wollten. Und fast unbemerkt wurde der deutsche Arzt umgangssprachlich letztlich zum „Doktor". Kapiert?

*Berühmte **Doktoren** - links der Reformator Dr. Martin Luther; rechts Altbundeskanzler Dr. Helmut Kohl. Aber mal Hand aufs Herz - ernsthafte Krankheiten von diesen Doktoren behandeln lassen? Wohl kaum - weder 1530 noch 2010!*

Kapiert hatte das bald auch die DDR-Obrigkeit, konkret ihr Ministerium für Gesundheitswesen. Auch in der DDR wollten die Leute ihren Doktor haben und nicht den „Dipl.-Med." Böse Zungen behaupten überdies bis heute, dass die Einführung des Diplommediziners in der DDR ein eigentlich politischer Willkürakt war. Insbesondere wollte man den Ärzten damit vermiesen, in den Westen zu gehen. Der „Dipl.-Med" wäre dort, wo der Dr. med. üblich war, keine Reputation gewesen. Aber - des Volksbegehrens wegen, das ihren Doktor in Sachen Gesundheit wollte, drehte man die Sache bald wieder zurück, zumindest teilweise. Mediziner konnten ab Ende der 70er Jahre wieder relativ einfach ihren Doktor machen, selbst vom Krankenhaus aus, in dem sie schon längst ihren Mann, sprich Arzt standen, auch ohne die zwei berühmten Buchstaben. Und viele Diplommediziner standen neben medizinischem Alltag und Nachtdiensten dann noch Dissertation und Rigorosum durch. Jetzt hatten sie endlich ein gutes Gewissen und waren das, als was man sie zuvor schon so oft angesprochen hatte. Denn zuvor konnten sie nicht wie Heinz Rühmann, der im Film „Kleider machen Leute" wiederholt sein „Bin kein Graf" skandierte, ständig ihre Patienten auf den Irrtum ihrer Titulierung hinweisen… Ostdoktoren unter den Ärzten haben somit in der Regel zwei akademische Titel erworben, das Diplom und die „echten" zwei Buchstaben. Bemühungen nach der Wiedervereinigung, den Ost-Dipl.-Med. einfach in einen gesamtdeutschen Dr. med. umzuwandeln, scheiterten.

Lassen Sie uns nun wieder eine kleine Prise Verwirrung dazumischen! Neben dem Dr. med. könnten sie einem ungewöhnlichen Doktor begegnen, besonders in sächsischen Krankenhäusern - dem MU-Doktor. Keine Angst, Sie haben sich nicht zum Tierarzt verirrt, und Sie sind auch kein Rindvieh. Der gemütliche Dialekt jener Herren und Damen mit dem animalisch anmutenden Titel wird Sie an die früheren Fernsehlieblinge Spejbl und Hurvinek erinnern, jawohl, oder an Karel Gott! Diese immer sympathischen Ärzte kommen aus dem Land jenseits des Erzgebirgskamms und haben den dort landesüblichen Doktortitel erworben, den „**m**edicinal **u**niversal doctor", abgekürzt MUDr.

Ein Ehrendoktor, Doktor honoris causa, kurz Dr. h. c., wird sich kaum an Ihnen vergreifen können. Ebenso nicht die seltsame Doktorkreation, die Ihnen zuletzt noch vorgestellt sei! Träger sind nur Damen und es handelt sich um eine Frau Dr. "m. c." Das „m" steht dieses Mal für das lateinische matrimonium = Ehe. Handwerker haben ihre „mithelfende Ehefrau". Arztgattinnen qualifizieren sich oft zu einer „Frau Doktor"; gratis, ohne eine Hochschule oder Universität jemals von innen gesehen zu haben. Deutsche und österreichische Ehrerbietigkeit schufen jenen charmanten „Titel". Und wenn Ihnen Ihre Freundin im Kaufhaus einmal zuraunen sollte - „Schau, Frau Dr. X kauft sich neue Schuhe…" - so begegnen Sie vielleicht gerade einer Frau Dr. m. c.…

Nicht ratlos dürfen Sie werden, sollte Ihnen ein Sanitätsrat oder ein Medizinalrat über den Weg laufen. Der „Rat" - ein besonders in Österreich noch gepflegter Titel? Immerhin findet man zwischen Wien und Innsbruck auch heute noch Hofräte, Kommerzialräte und Co. Hochkonjunktur hatte der „Rat" aber auch in der DDR. Zu Medizinal- und Sanitätsräten wurden anlässlich des jährlichen Tages des Gesundheitswesens solche Ärzte geschlagen, denen man besondere Verdienste zuordnete. Häuften sich die Verdienste von Jahr zu Jahr immer weiter an, kam noch ein „Ober" dazu. Besonders staatsnahe Ärzte, so die Kreisärzte als Pendant zu den heutigen Amtsärzten waren anscheinend oft so verdienstvoll, dass die Medizinalräte und Obermedizinalräte (kurz MR, OMR) sich unter ihnen häuften. Aber auch arbeitsame leitende Krankenhausärzte wurden dieser Ehre zuteil.

Ein Geheimer Medizinalrat - der berühmte Arzt Rudolf Virchow lebte und wirkte in der Zeit und im Zentrum (Berlin) des wilhelminischen Kaiserreiches.

„Geheime Medizinalräte" dagegen und „Wirklich Geheime Obermedizinalräte" haben ausgedient - denn der Verleiher derartig abstrus anmutender Namensanhängsel hat längst auch ausgedient - der letzte Kaiser Wilhelm. Gerade um den Medizinalrat der DDR entbrannten in der Zeit danach aber noch etliche Kontroversen - sollte man den Titel weiter tragen, würdigen? Oder ihn als Charakteristikum des alten Regimes abtun? Abgesehen davon, dass die Zahl derartiger Titelträger naturgemäß immer weiter abnimmt und für Sie immer seltener zum Problem - „wie spreche ich ihn an?" - wird, gehen Sie die Sache doch mit einem Schuss Volksweisheit an! Welche besagt: „Ehre, wem Ehre gebührt!" Dies riet einst der berühmte Völkerapostel Paulus seinen Mitchristen in Rom, der Hauptstadt des gleichnamigen Imperiums. Und Sie werden heute natürlich selbst wissen, wem diese Ehre wirklich zusteht (zustand…)!

Schließlich - des Deutschen Neigung zu Hierarchie und Patriarchat und ein gewiss immer noch vorhandener Hang zum Militärischen verlangen natürlich ordentliche Rangfolgen auch unter den Medizinern. Eine Rangordnung vom Assistenzarzt über den Oberarzt bis zum Chefarzt, über dem noch ein leitender Chefarzt thront, ist somit tagtägliche Realität in deutschen Kliniken. Und manch Chef- oder Oberarzt im deutschen hierarchischen Gesundheitswesen wird sich auch heutzutage eine süßsaure Miene noch nicht verkneifen können, wenn ihn sein Gegenüber ahnungslos oder respektlos einfach mit Herr X, Y oder Z anspricht.

Gibt es einen Oberarzt, wo bleibt dann der Unterarzt, fragen Sie? Schließlich verfügt jedes ordentliche deutsche Skatblatt über den Ober und den Unter; und selbst in der Armee der untergegangenen DDR wurde neben dem Oberleutnant ein Unterleutnant eingeführt. Ja, es gab ihn, den Unterarzt. Die Wehrmacht führte einen Unterarzt als Sanitätsunteroffizier im Gegensatz zum im Offiziersrang stehenden Stabsarzt bis 1945 mit sich.

Verlassen wir jetzt aber den Dschungel von Titeln, Räten und Rängen. Es ist Ihnen schon anzusehen, die Sache bleibt schwierig für Sie! Sollten Sie im Krankenhaus oder in einer Praxis wieder einmal unvermittelt vor einer Gestalt in Weiß stehen und vor Schreck nicht gleich wissen, wie sie ihn ansprechen sollen - **Da sagen's halt „*Herr Doktor*"…**

Vorhergesehen am Behandlungstag **zehn**:

Harry B. wird gemenetscht

Es ist wieder einmal so weit. Er muss zu ihr, zu seiner „Medical Discount Center AG". Warum „seiner"? Nun - er war schon mehrfach Patient, nein besser Kunde in dem modernen Bau in seiner Kreisstadt. Und Stammkunde zu sein, das hat eben seine Vorteile! Und heute ist er letztlich froh, der Mittsiebziger Harry Bald, dass er sich damals, am Ende des ersten Aufenthaltes in der AG, die mittlerweile börsennotiert ist, während des Entlassungsgesprächs beim check-out-Manager die Kundenkarte hat aufschwatzen lassen. Dieses Mal wird er endlich vom hier versprochenen Rabatt profitieren, zumindest für Fernseh- und Internetanschluss an seinem Bett, das er dort für einige Tage wohl wieder wird hüten müssen.

Die Fahrt in die 20 Kilometer entfernte Einrichtung übernimmt natürlich der ihm gut bekannte und stets freundliche Taxifahrer, der die spätere Nachhausefahrt seiner Center-AG-Kunden, soweit sie im Zeitraum von 14 Tagen liegt, stets zum halben Preis ausführt. Aber einen längeren Aufenthalt lässt seine Diagnose entsprechend der Bestimmungen des special-disease-discounting sowieso nicht zu, das weiß Harry längst.

Seine bessere Hälfte hat ihm liebevoll alles eingepackt. Klar, sie hat auch an die raffiniert gestaltete e-Med-code-Karte seiner Krankenkasse gedacht, ohne die (den allerschlimmsten Notfall gewiss ausgenommen - wir leben schließlich in einer humanen Gesellschaft) nichts geht. Taxifahrer Jan Rapid konnte ihn samt Koffer direkt im Input-Bereich der Gesundheitsfabrik absetzen. Und da kennt sich Harry schon gut aus. Hier braucht er zum ersten Mal seine code-Karte. Er ist zumindest nicht so frech und benutzt einfach den knallroten Knopf mit der Aufschrift „Notfall" oder gar den blinkenden Türöffner mit dem Schildchen „lebensbedrohlich". Dies tun meist nur junge Leute oder Unwissende wie kürzlich sein Nachbar E. Naiv, der meinte, wegen seiner kleinen leicht blutenden Fingerwunde gleich den blinkenden Öffner betätigen zu müssen. Harry also geht den regulären Weg. Eine angenehme feminine Computerstimme fordert ihn zunächst auf, seine Karte am Sichtfenster A einzuscannen. Schritt für Schritt geht es nun weiter. Als nächstes wird sein Versicherungsstatus abgefragt und er weiß, dass er die Scheibe bei „gesetzlich" und nicht bei „privat" berühren muss. Schnell findet er jetzt auch seine Kasse, deren Name sich seit der neuerlichen Fusion mit der gleichen Kasse aus Bayern zum dritten Mal geändert hat.

Rasch ist er dann drin im interessant gestalteten Foyer seines Medical Discounters. Welch ein Unterschied zum im alten Finanzamt untergebrachten früheren Stadtkrankenhaus seines Heimatortes! Dort konnte es einem noch passieren, dass man schon im Treppenhaus ungeniert dem ersten Arzt begegnete. Oder dass ihn eine mit der damals üblichen Haube ausgestattete und als solche sofort erkennbare Krankenschwester einfach ansprach und zur Station mitnahm.

Aber Harry kommt gut zurecht in der neuen Zeit und steuert zielgerichtet dem Tresen mit der Bezeichnung „check in" zu. Neben seiner e-Card zückt er automatisch jetzt den Schein seines Hausarztes, besser gesagt Gesundheitslogistikers. Er hofft, dass das ihm mitgereichte Formular 5B dieses Mal das richtige ist für seine Spezialbehandlung. Leider wird dies aber von der Dame hinter der Brüstung beanstandet, nahe deren Dekolleté ein Schildchen mit ihrem Tätigkeitsbereich - „Aufnahmemanagement" - prangt. Doch sie will den Einweiser per E-Mail benachrichtigen, und der wird das erforderliche Formular 5B-R (das „R" steht für „repeat" - na klar, es ist ja eine wiederholte Behandlung!) gewiss rasch per Internet an die AG schicken. Danke also an die unbürokratisch handelnde Aufnahmemanagerin. Das Übrige ist schnell ausgehandelt. Harry erteilt die Erlaubnis zum Lastschriftverfahren - Zuzahlung, Einzelzimmerkosten und die tatsächlich mit einem Rabatt versehenen Gebühren für Telefon und Internet können somit problemlos von seinem Konto eingezogen werden. Dieses unterhält er übrigens bei der Bank, die das klinikeigene Wellness-Center so günstig finanziert hat.

Die freundliche Check-in-Dame hat mittlerweile seine e-Med-

code-Karte einbehalten und ihm dafür seine Discounter-e-card ausgehändigt. Das ist seine unentbehrliche Aufenthaltskarte für die Zeit in der Klinik. Damit hat er Zugang zu seinem Bett in der Abteilung G (das „G" steht für „Gefäße") und den dazugehörigen facilities. Er weiß es glücklicherweise - Abteilung G befindet sich in Flügel 3 im 4. Obergeschoss. Da er noch ganz gut gehfähig ist, benötigt er leider keine Abholung durch eines der netten und attraktiven Mädchen im freiwilligen sozialen Jahr - allein, bewaffnet mit seinem Koffer, findet er die Abteilung, auf der er von einer Abteilungsmanagerin freundlich empfangen wird. Im Gespräch mit ihr, beim Ausfüllen etlicher Formulare mit und ohne Unterschrift und während des Anlegens einer aktuellen Computerdatei geht es nun schon sehr konkret um sein gesundheitliches Problem. Die Managerin versichert ihm, dass er nun mit allem „drin" sei im System und dass seiner Gesundung nichts mehr im Wege stehe.

Noch weiter geht der Behandlungsmanager. Behände gibt er die Daten seines Klienten in die auf seinem Laptop installierte digitale Krankenakte der Software MedSparDoc ein, die mit seinem Einweiser vernetzt ist. Im Ergebnis davon bekommt Harry eine Reihe von Gutscheinen, ausgedruckt unmittelbar nach dem Kontakt, in seine raffiniert gestaltete hospital-residents-map, die jeder eingecheckte Insasse der Center-AG für seinen Aufenthalt erhält. Mit einem EKG-Gutschein, einem Blutentnahme-Gutschein und einem Kost-Gutschein macht er sich dann auf die weitere Reise im modernen Gesundheitstempel. Wie froh ist er, als er zwei Stunden später endlich sein Bett in Zimmer G 7 in Besitz nehmen kann; dessen elektronische Sperre lässt sich mithilfe seiner digitalen Aufenthaltskarte problemlos lösen. Auch kann er rasch Telefon-, Internet- und Fernsehanschluss damit in Gang setzen. Seine erste Mahlzeit hatte die Aufnahmemanagerin mit seiner Karte bereits ins Lesegerät eingegeben, und in der Tat serviert ihm ein smarter junger Mann, er dürfte wohl „Zivi" sein, nun den bestellten Matjeshering in einer Box des modernen Küchensystems.

Leider ist er natürlich nicht hier, um kulinarische Raffinessen zu erproben. Er soll ja - operiert werden. Folglich sucht ihn am

späten Nachmittag der OP-Vorbereitungsmanager auf. Er klärt mit ihm alle Einzelheiten des vorgesehenen Eingriffs. Was Harry dabei nicht bemerkt - pedantisch hält der fast bürokratisch anmutende Herr mittleren Alters vermittels seines Computerprogramms highopt-OP Einzelheiten der Operation fest wie z. B. die Anzahl der zu verwendenden Skalpelle, die Meter an erforderlichem Nahtmaterial sowie die Milliliter des erforderlichen Desinfektionsmittels. Ins Stocken gerät er, als Harry ihn fragt, ob nicht gleich sein lästiges Überbein an der linken Hand mit entfernt werden könne. Das ginge technisch zwar, meint er, es könne möglicherweise aber Schwierigkeiten mit dem Abrechnungssystem „Combmedmax" geben. Schließlich erklärt er Harry, wenn auch etwas eiernd, er solle sich doch erst einmal vom aktuell geplanten Eingriff erholen und lieber in sechs Wochen nochmals vorbeikommen, um diese Sache extra erledigen zu lassen, das würde sein Körper bestimmt besser verkraften. Aber er werde auf alle Fälle noch den Abrechnungsmanager konsultieren, ob dieser eine bessere Möglichkeit sehe. Schmunzelnd verabschiedet er sich mit dem Hinweis, es käme bald eine hübsche Schlafmanagerin zu ihm... Für Opa Bald keine Neuigkeit - weiß er doch, damit bezeichnet man hier scherzhaft die Anästhesistinnen. Also wird sich heute eine Dame um die Angelegenheit seiner Betäubung und anschließenden Schmerztherapie kümmern...
Keine Frage, Harry B. übersteht auch dieses Mal alles gut. Sogar einen Tag eher als vom Behandlungsmanager berechnet kann er die Gesundheitsfabrik wieder verlassen. Der eine Tag wird ihm gutgeschrieben - im mitgereichte Bonusheft der Medical Discount Center AG. Und er weiß genau - er wird in 6 Wochen wiederkommen zur Behandlung des Überbeins. Und vielleicht kann er den Bonustag sogar dazu nutzen, dann auch noch die Warze am rechten Knie wegschneiden zu lassen, ohne den Abrechnungsmanager in Verlegenheit zu bringen.

Anno Domini 1456, oder 1589, oder 1796 vielleicht? Vieles spielte sich auf dem Markt ab. Nicht nur Kohlköpfe, Galoschen oder Tonkrüge wurden feilgeboten. Inmitten einer kreischenden

Volksmenge zog der Bader einem Bedauernswerten seinen Backenzahn. Nebenan hantierte vielleicht ein Starstecher an einem Erblindeten herum mit der Behauptung, ihm nun das Augenlicht wiederzugeben. Noch exotischer mutete das Geschrei eines Blasenschneiders an, der einen faustgroßen Steinbrocken herumreichen ließ, den er angeblich in der Nachbarstadt einem dankbaren Patienten herausgeschnitten hätte. Ganz zu schweigen von Apothekerlehrlingen und Quacksalbern, die ihre Tinkturen, getrockneten Krokodilsaugen und Kräuter ferner Länder als unentbehrlich für das Kurieren der Leiden ihrer ungläubigen Zuhörer anpriesen.
Spätestens jetzt im beginnenden 21. Jahrhundert läuft das Spiel um Gesundheit, Gesundung, Kurieren wieder auf dem Markt ab. Glücklicherweise aber nicht in jenen dunklen Ecken früherer Märkte, in denen zwielichtige Gestalten alias Dr. Eisenbart ihre makabren Leistungen anboten. Das Gesundheitswesen unseres Landes ist angekommen in jenem Gebiet, das sich da nennt - „Marktwirtschaft". Sehr im Irrtum sind deshalb jene Zeitgenossen, die ihren Bekannten, die in der Gesundheitsbranche arbeiten, jovial auf die Schulter klopfen und meinen: „Na, Kranke gibt es ja immer…" - will sagen - so ein Job ist ja naturgegeben, er läuft ohne großes Dazutun. Zwar gibt es die Kranken tatsächlich immer, und unsere alternde Gesellschaft wird derer immer mehr hervorbringen. Aber um sie entbrennt zunehmend ein ordentlicher Konkurrenzkampf - auf dem Markt eben, sei er nun amerikanisch hart oder weich à la Ludwig Erhard. Ja, sogar ein Glück ist es letztlich, dass es stets genügend Kranke gibt - ein unendliches Betätigungsfeld für die Strategen des Marktes, des Gesundheitsmarktes - die Manager! Mag unser Kapitel in die Rubrik des Futuristischen fallen, es sind bereits genügend Aspekte der Gegenwart beigemischt!
Haben Sie es bemerkt? Ärzte und Krankenschwestern - sie fehlten bis auf den Einweiser völlig in Harry Bald`s Geschichte. „Manager" sind heute im Krankenhaus nicht mehr wegzudenken. Qualitätsmanager, Wundmanager, OP-Manager, Case-Manager mühen sich tagtäglich engagiert. Nun ist er ja so in Verruf gekommen, der Begriff des Managers, des Managements

- deutsche Großbanken lassen grüßen! Dabei klingt alles so schön englisch, besser gesagt amerikanisch. Zumindest besser als das dumpfe Russisch - der „Ossi" unter den Lesern denke doch nochmals an den „Subbotnik" oder das „drushba", das ihm damals staatlicherseits aufgedrückt wurde! Nun - Menetschment hin, menetschen her - der Gebrauch eines Fremdwörterbuches wird den skeptischen Zeitgenossen rasch aufklären, ernüchtern vielleicht, wenn er hier die Bedeutung des so cool englisch Verpackten liest. Ein entsprechendes Exemplar des renommierten Dudenverlages zur Hand, erfährt man, dass „managen" schlicht bedeutet: „leiten, zustande bringen, geschickt bewerkstelligen, organisieren…".

Moment mal - gab es solche Menschen im Gesundheitswesen nicht schon immer? Was ist hier so neu, so futuristisch? Was haben Ärzte und Schwestern früherer Zeiten nicht alles zustande gebracht? Die Eindämmung schlimmer Seuchen haben sie geschickt bewerkstelligt. Robert Koch mag Ihnen dazu einfallen. Die Versorgung von Verwundeten im Kriegs- oder Katastrophenfall - was anders als großartige Organisatoren waren da unter anderem ein Henry Dunant oder eine Florence Nightingale?

Hervorragende „Manager des Gesundheitswesens" der Vergangenheit: Florence Nightingale und Henry Dunant.

Wir kommen hier nicht umhin, einen kleinen historischen Exkurs in Sachen Krankenhausgeschichte zu machen. Erfinder jener Einrichtung, die wir uns aus unserem heutigen zivilisierten Leben nicht mehr wegdenken können, waren keine hoch gebildeten griechischen Philosophen, keine zivilisierten römischen Staatsmänner, auch keine Fürsten des Mittelalters oder etwa Köpfe der Aufklärung. Leute, die sich der christlichen Lehre der Barmherzigkeit verpflichtet fühlten, gründeten Spitäler und Hospize, meist angeschlossen an Kirchen oder Klöster. Was sie damals zu organisieren hatten, zustande zu bringen, zu managen also, war dabei aber etwas ganz Anderes! Für sie galt es, Not zu lindern, wo es nur ging. Oft mit wenigen Mitteln, manchmal mit geringem Wissen um Krankheiten, unter äußerlich häufig unwürdigen Bedingungen schafften sie es, Krankheiten einzudämmen, Schlimmstes zu verhindern, den Ärmsten auch eine Chance zu geben. Wenn das kein Management war!

Das staatliche Gesundheitswesen baute später darauf auf und bot den Vorteil, dass alle gleichermaßen Zugang hatten zum Krankenhaus. Auch hier wurde geleitet, „geschickt bewerkstelligt". Der Autor denkt hier besonders an die „Manager" früherer DDR-Krankenhäuser. Was haben sie in Zeiten des Mangels nicht alles möglich gemacht, um ihren Patienten bestens zu helfen - von der leckeren Wunschkost für den Schwerkranken bis zum teuren Westmedikament für den Bedürftigen - was wurde nicht alles gemanagt!

Sehen Sie den ganz und gar anderen Ansatzpunkt jener historischen Manager? Not, Mangel und Leid waren es. Und sind es heute noch genauso in vielen Hospitälern der dritten Welt! Was denken sich kluge Organisatoren der Not nicht alles aus, um ihr Missionshospital, ihre Hilfsorganisation so zu managen, dass möglichst viel Hilfe ankommt. „Leider reichen die Mittel nicht, um der gesamten Bevölkerung zu helfen…", hören wir Mitteleuropäer dann betroffen beim Vortrag des exotischen Arztes, der in Afrika arbeitet und auf die Karriere in Deutschland verzichtet hat.

Ein ganz anderes Medium ist nun jenes unserer letztlich auch liebenswürdigen Manager der „Medical Discount Center AG".

Sie haben sich nicht damit herumzuschlagen, wie sie ihre Schonkostpatienten satt kriegen oder wie möglichst viele Skalpelle des Doktors wieder steril werden. Sie müssen argwöhnisch Ausschau halten, stets auf der Hut und auf dem Laufenden sein, um genügend Patienten für ihr Hospital zu gewinnen und nicht in das der benachbarten Stadt zu verlieren, um kostengünstig und möglichst gewinnbringend zu arbeiten, um eben „am Markt zu bleiben". Wo bleibt da der Patient? - fragt der kritische Betrachter natürlich sofort. Nun, vorab gesagt - der Patient, der hier Kunde wie bei jeder Kaufhauskette ist, kommt dabei nicht so schlecht weg, wie es zunächst scheint. Markt und Konkurrenz ermöglichen hier auf alle Fälle gute medizinische Ergebnisse, das ist keine Frage. Allerdings - während Harry Bald im Kaufhaus entsprechend der Möglichkeiten seines eigenen Portemonnaies der kleine oder große König Kunde ist, ist seine Kundengeldbörse im Krankenhaus ferngesteuert, und zwar durch seine Krankenkasse…

Der Autor blickt zurück auf die Metamorphose, die die ostdeutschen Krankenhäuser samt ihrem Personal seit 1990 durchmachten. Die meisten Ärzte und Schwestern waren bis dahin in gewisser Weise Idealisten und vordergründig auf das Wohl ihrer Patienten bedacht. Unter der sozialistischen Mangelwirtschaft sahen sie aber zunehmend eine Abkoppelung vom medizinischen Fortschritt, den sie auch mit ihrem Idealismus nicht wettmachen konnten. Die Einführung der harten D-Mark am 1. Juli 1990 schaffte eine einmalige Situation. Endlich konnte man technisch aufholen und nun auch dem „Ostpatienten" die Errungenschaften der modernsten Medizin, offeriert von einem Heer von Vertretern der Pharma- und Medizintechnikindustrie, anbieten. Idealismus und moderne Möglichkeiten dank der D-Mark gingen Hand in Hand. Kurze Zeit aber nur! Der Markt kam unerbittlich und nahm die Idealisten ostdeutscher Couleur zunehmend unter seine Fittiche. Zu Managern sind sie nun geworden, mussten sie werden, um eben am Markt zu bleiben. Man arbeitet nicht mehr nur in einem Krankenhaus. Man gründet ein Darmzentrum oder ein Prostatazentrum oder ein Brustzentrum oder… Man lockt mit Vergünstigungen im „paramedizinischen" Bereich - siehe Harry Balds vorteilhafte Telefon- und Internetkosten am Krankenbett. Experten für das aus Australien eingeführte Abrechnungssystem sind unerlässlich geworden - man holt raus, was rauszuholen ist aus der Kombination von erbrachten Leistungen am Patienten, völlig legal gewiss; aber man kann es sich nicht leisten, irgendeine Spiegelung, irgendeine Narkose, die Sonderzulagen für das Handling bei Befall mit Problembakterien vielleicht bei der Endabrechnung zu vergessen. Wehe der Einrichtung, die dieses Management vernachlässigt - da können die medizinischen Leistungen noch so gut sein!

Der Markt schafft absurde Situationen! Sie denken an Harrys Ansinnen, sein Überbein gleich mit operieren zu lassen? Jawohl! Es ging nicht, aus abrechnungstechnischen Gründen. Der hier in der Zwickmühle stehende Ex-Idealist, jetzt Auchmanager, wird seinem Patienten, sprich Klienten zwar wohlwollend erklären, wie schonend und viel günstiger es sei, das Überbein erst in sechs Wochen weg zu schneiden. Darin mag auch ein Quäntchen Wahrheit stecken; aber um so mehr weiß er, dass die gleichzeitige zweite OP „für nass" (ein beliebtes Schlagwort unter den Medizinern) erfolgen würde, nach sechs Wochen kann man dann einen neuen Fall dafür abrechnen.

Zwar nicht von einem anderen Stern, zumindest aber vom anderen Ende der Welt - Australien (Bild: Opernhaus in Sydney) - wurde das jetzige Abrechnungssystem der Krankenkassen für die Krankenhäuser geholt.

Die Verrenkungen, die manchmal Gesundheitseinrichtungen oder ihre „Zulieferer" anstellen, um bestmöglich am Markt zu bestehen, sind vielfältig und oft abenteuerlich. Wegbereiter darin ist natürlich - Amerika. Marcia Angell, eine prominente US amerikanische Ärztin, kritisiert dies öffentlich. So wirft sie der dortigen Industrie vor, sich Märkte künstlich zu schaffen, indem sie neue Krankheiten „erfindet". Und „Experten" würden dafür bezahlt, dass sie die Wirksamkeit bestimmter Medikamente so hochreden, dass deren Umsatz profitabel steigt. Auch wenn sie Ausnahmen bleiben werden, schwarze Schafe hierzulande entdeckten die deutschen Medien ebenfalls - man denke an die bloßgestellten Kliniken mit ihren Fangprämien, die Schlagzeilen machten. Um einen lohnenden „Fall X" zur Operation zu bekommen, boten sie dem Einweiser eine Prämie pro zugewiesenem Patient an… "Lohnend?" Dies ist in der Tat wiederum Realität: Manche Fälle „lohnen sich", andere nicht, wirtschaftlich, versteht sich… Folglich lohnt sich die Arbeit mancher Mediziner, sie sind erfolgreich, während dies bei anderen trotz gleicher Schweißproduktion nicht der Fall ist, wirtschaftlich, versteht sich… So ist die serienmäßige Durchführung von Gelenkspiegelungen oder die Kontrastuntersuchung von Herzkranzgefäßen auf alle Fälle „lohnender" als die Langzeitbehandlung von Omas Diabetes oder Opas Bluthochdruck. Lohnend, nicht lohnend - wie makaber. Waren sie nicht alle einmal angetreten, um zu helfen…? Das aktuelle Abrechnungssystem, oben geschildertes Portemonnaie also, und der Gesundheitsmarkt sind mit Gründe für derart absurde Situationen. Der Idealfall natürlich und zum Trost: Lohnend und nicht lohnend gleichen sich wirtschaftlich aus; denn noch immer ist das Kassensystem nach dem Solidarprinzip organisiert. Und vergessen Sie als möglicher Kunde unseres jetzt etwas durch den Kakao gezogenen Gesundheitsmarktes nicht - mühen muss sich der Manager, nicht Sie - der Kunde profitiert mit Leib und Leben! Meistens jedenfalls.

Entlassen am Behandlungstag **elf** mit dem Hinweis:

Morgen möchte ich Sie dem Pathologen vorstellen...

Was wäre die medizinische Welt ohne Überweisungen! Da Ärzte höfliche Leute sind, überweisen sie nicht einfach, sondern stellen vor! Und das tagtäglich. Das Schicken ihrer Patienten vom einen zum anderen Fachkollegen, bleiben wir mit Knigge beim höflichen „Vorstellen", kann für den Patienten nur von Nutzen sein.

Ganz klar. Warum sollte es dem vom Chirurgen behandelten älteren Herrn schaden, wenn der Internist auch mal nach dessen Herzen schaut. Oder wenn der Gynäkologe die Dame mit ihrem so peinlichen Problem eben auch dem Urologen zeigt, der sich „in der Nachbarschaft des Gynäkologen" vielleicht noch besser auskennt... Auch innerhalb des Krankenhauses stellt sich die Ärzteschaft die ihr Anbefohlenen gegenseitig vor. Konsilium, kurz „Konsil", nennt sich dieser Vorgang, abgeleitet vom lateinischen „beraten".

Stellen Sie sich nun die Äußerung unserer Überschrift früh zur Visite am Bett des sowieso schon verängstigten Patienten Florian Blumenreich aus dem Munde des Oberarztes Dr. Locker vor! Entweder Blumenreich würde sich jetzt endgültig unter seiner Bettdecke verkriechen, hatte er ja immer die Schwere seiner Erkrankung geahnt. Oder er verschiebt die Äußerung seines immer optimistisch wirkenden Doktors in das Reich des schwarzen britischen Humors (à la Benny Hill vielleicht) oder auch ins Repertoire deutscher Kabarettisten. Letztlich verglich der historisch bewanderte Blumenreich das ihm zugedachte „Konsil" eher mit dem „Konzil" von Konstanz 1414, das bekanntlich dem hier geladenen Reformator Jan Hus den Scheiterhaufen brachte.

Kaum aber wird unsere ominöse Überschrift als reale Äußerung im Krankenhaus jemals vernommen worden sein! Oder doch? Nun - nur mit anderen Worten, besser gesagt mit einer bestimmten Vokabel, die dem Tatbestand der Überweisung, des Vorstellens, des „Konsils" beim sonst nur in diversen Kriminalfilmen zu sehenden Fachkollegen durchaus entspricht. E i n s c h i c k e n heißt der Begriff, der einer Überweisung zum Pathologen gleichkommt. Der Unterschied zur Überweisung zum, nun nehmen wir entsprechend unserer genannten Beispiele, Internisten oder Urologen, ist letztlich nur quantitativer Natur. Im Falle des älteren Herrn oder der oben genannten Dame gehen die Betroffenen als vollständige Person zum Spezialisten oder dieser sucht sie am Krankenbett auf. Bei Florian Blumenreich aber geht nur ein Teil seiner selbst zum sonst so gefürchteten Spezialisten. Gewebsproben, seinem Körper durch die schneidende Hand des Chirurgen oder die geschickt geführte Biopsiezange des Endoskopikers entnommen, werden zum Pathologen überwiesen, pardon eingeschickt. Dieser kümmert sich mithilfe seines Mikroskops speziell um die Beschaffenheit jener vorsorglich in Formalin fixierten Zellen von Blumenreich.

Wie stellen Sie sich einen Pathologen vor? Oder gar eine Pathologin? Denken Sie jetzt vielleicht an den amerikanischen Quincy, der wahrscheinlich aus der Fußsohlenhaut des von ihm begutachteten Opfers auf die Lieblings-Schuhmarke seines „Klienten" schließen könnte? Oder an „Alberich", jene kleine, aber selbstbewusste Medizinerin, die dem Münsteraner Tatortpathologen Professor Karl-Friedrich Boerne zur Hand geht? Weitere Fernseh-Gerichtsmediziner, die unmittelbar neben dem Aufgebahrten pietätlos in ihre Stulle beißen, dürften ein eher schiefes Image vermitteln.

Tatort-Gerichtsmediziner Jan Josef Liefers, besser bekannt als Prof. Karl-Friedrich Boerne, vermittelt dem Fernsehzuschauer gewiss ein eigenes Image vom Pathologen oder Gerichtsmediziner.

Seine eigene Vorstellung von der Zunft jener grauen Eminenzen der Medizin muss wohl ein Kellner entwickelt haben, der in einer sächsischen Stadt 1994 beim Nachgießen von Wein für seine lustig in einer Runde sitzenden Gäste zwangsläufig folgendes Gespräch mit anhören musste: Herr um die sechzig: „Wo haben Sie denn Ihre Leichen, auch noch im Keller?" Dame um die 55 auf dem Nachbarstuhl: „Ja, leider auch noch im Keller, aber bald soll es besser werden...". Glücklicherweise wusste der Ober, dessen Ohren immer länger wurden, dass seine Gäste Ärzte und nicht Mitglieder der neapolitanischen Camorra waren; aber dass zwei von ihnen Pathologen waren, die sich nur darüber austauschten, wie pietätvoll die ihnen zur Obduktion übersandten Verstorbenen in ihrem Institut aufgebahrt waren, das konnte er sich auf die Schnelle kaum zusammenreimen.

Wie sich Mediziner selbst Pathologen vorstellen? Nun, ihr herbes, von den Betroffenen aber gewiss leicht hingenommenes Urteil vom „postmortalen Klugschei..." mag auch manchem Laien bekannt sein. Noch eins drauf legen eifrig debattierende junge Mediziner, wenn sie erstmalig diesen Slogan hören und belustigt weitergeben: Nämlich: Der Pathologe wisse alles, könne auch alles, es nütze aber nichts. Damit irren sie sich aber gewaltig. Von großem Nutzen war nämlich die so gefürchtete Überweisung zum Pathologen für unseren Angsthasen Florian Blumenreich! Lange schon hatte ihn die Schwellung in seiner Leistenbeuge genervt und beunruhigt. Ein Leistenbruch sei es nicht, meinte Dr. Locker zu ihm, mit Sicherheit aber ein vergrößerter Lymphknoten. Den hatte er also Blumenreich herausgeschnitten und - richtig, eingeschickt. Genauestens hat der Pathologe diesen untersucht und festgestellt, dass es sich um eine harmlose Entzündung handelte. Wie erleichtert war unser Angsthase und insgeheim dankbar seinem Pathologen, den er ja nie zu Gesicht bekommen hatte. Überhaupt bringen die immer noch ins unheimliche Licht gerückten Mediziner viel mehr Zeit am Mikroskop oder im Labor zu als bei der Sektion von Verstorbenen. Wahrhaft lebensrettend ist ihre Tätigkeit besonders dann, wenn sie bösartige Geschwülste erkennen und analysieren und dem behandelnden Kollegen damit die Weichen für die richtige Therapie stellen helfen! Von nun an scheute Blumenreich die „Überweisung zum Pathologen" nicht mehr.

Die Pathologen - sie sind nicht nur jene unentbehrlichen Helfer, die unbemerkt vom Kranken ihre wichtige Arbeit verrichten, sondern mutmaßlich auch die am poetischsten veranlagten Mediziner! Wie das?

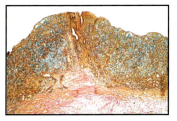 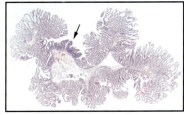

Zwei „Überweisungen zum Pathologen": Links hat der Pathologe eine Frühform von Krebs in der Magenschleimhaut unter dem Mikroskop erkannt; rechts hat er eine Vorstufe des gefürchteten Geschwulstleidens in einem Darmpolypen ausgemacht - für beide Patienten besteht die Chance zur Dauerheilung...

Lassen Sie sich zum Abschluss unserer mehr dem Heiteren zuneigenden Betrachtungen über Krankenhaus & Co. ein letztes Mal auf einen Ausflug in die Historie mitnehmen! Pathologen, besser noch Anatomen - beide stellten dies früher in der Regel in einer Person dar - waren es, die maßgeblich an der Schaffung medizinischer Begriffe, sei es hinsichtlich des menschlichen Körperbaus, aber auch betreffs der Beschreibung der Krankheiten, beteiligt waren. Dabei benutzten sie durchaus nicht nur das gängige Latein oder Griechisch ihrer Gilde. Sämtlichen Körperteilen und Strukturen gaben sie dabei deutsche Namen. Diese waren oft so bildhaft, so poetisch, ja so blumig, dass wir heute noch darüber schmunzeln, aber auch staunen werden ob ihrer Beobachtungsgabe, ihres Allgemeinwissens, ihrer Phantasie! Begriffe aus der Geographie, der Natur, aus der Arbeitswelt des Volkes, aus der Astronomie, aus der griechischen Mythologie gar fanden Eingang in medizinische Terminologien; Namensgebungen überdies, die heute noch verwendet werden.

Lassen Sie sich nun noch etwas verzaubern, wenn Sie gewissermaßen beim Pathologen vorgestellt werden und er Ihnen Ihren Körper in seiner poesievollen Sprache beschreibt. Dass mit dem Autor dabei die Phantasie häufig durchgeht, wenn er Ihnen die Entstehungssituation dieser Begriffe auszumalen versucht, mögen Sie ihm am Schluss unseres virtuellen Krankenhausaufenthaltes nachsehen.

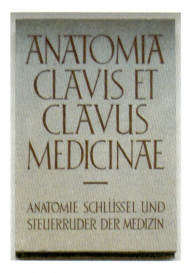 

Selbst heute noch poetisch veranlagt: Die Anatomen! Beide Tafeln zieren den Eingangsbereich zum Hörsaal des Anatomischen Institutes der Leipziger Universität.

Fangen wir mit der Geographie an! Mannigfaltige gebirgige Regionen entdeckten die alten Ärzte am und im menschlichen Körper. Als Vorberg ging zunächst die Vorwölbung des Kreuzbeins ins Innere des menschlichen Beckens ein. Den großen und kleinen Rollhügel meinten sie am hüftnahen Oberschenkel erkannt zu haben. Wenn Sie, werter Leser, von Ihrem abgenutzten Hüftgelenk geplagt sein sollten und der am weitesten außen liegende Knochen Sie beim Liegen auf der Seite nervt - es ist jener große Rollhügel! Den am meisten nach oben vorstehenden Knochenauswuchs an der Schulter nannten sie schlicht Schulterhöhe. Die interessanteste Erhebung dürfte schließlich der „Mons pubis" sein, der Schamberg oder Venushügel. Nicht seiner erotischen Bedeutung, sondern der interessanten Beobachtung wegen, dass hier, zwischen beiden Leistenregionen also, tatsächlich ein kleiner, wenn auch flacher Berg am liegenden Patienten zu sehen ist. Der heutige Medizinstudent wird lange nach diesem „Berg" suchen müssen, geht er beim heutzutage Wohlgenährten in der Regel doch im Fett seiner Bauchdecke unter. Anatomen früherer Zeiten hatten aber meist hagere Körper vor sich, und hier stellte die pikante Region deutlich einen Berg dar. Einen Samenhügel beschrieben die findigen Namensgeber schließlich im Verlauf der Harnröhre des Mannes.

Bäche und Flüsse entspringen unseren Gebirgen, um schließlich dem Meer zuzueilen. Nun - den Verlauf zahlreicher „Flüsse" beschrieben unsere Altvordern, das Netz von Blutgefäßen und Lymphströmen ähnelt dabei dem Netz eines reichlich kanalisierten Landes. Einer den alten Römern nachempfundenen Wasserleitung, einem Aquädukt, entlehnten sie die Bezeichnung für eine Region im Gehirn, die Hirnwasser transportiert. Wortwörtlich nahmen sie es wieder mit den Brücken, die hier natürlich nicht fehlen dürfen. Pons - Brücke nannten sie einen wichtigen Teil ebenfalls im Gehirn. Ob sich unsere Poeten allerdings eine romantische Steinbrücke oder mehr den zweckmäßigen Holzbau dabei vorgestellt haben, bleibt wohl ohne Belang. Auch einen See entdeckt man bei unserer virtuellen Körpertour - die Lokalisation des Tränensees dürfte nicht schwierig sein - eine Region im inneren Augenwinkel, die sowohl bei Freud als auch bei Leid zuerst feucht wird, erhielt dieses Prädikat.

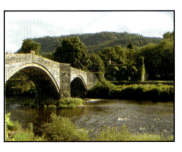 

Schippert man weiter über das erreichte Meer, gelangt man irgendwann zu Inseln. Sogar diese bedachten die eifrigen Namensgeber in ihrem anatomischen Repertoire. Auch wenn sie dazu erst ins Mikroskop schauen mussten. So entdeckte im 19.

Jahrhundert der Pathologe Paul Langerhans inmitten des normalen Gewebes der Bauchspeicheldrüse viele Regionen andersartigen Gewebes, Inseln eben. Nach ihm hießen sie hinfort Langerhans-Inseln. Jeder Zuckerkranke weiß heute zu seinem Leidwesen darüber Bescheid - eben jene Insulin produzierenden Inseln in seiner Bauchspeicheldrüse machen nicht mehr richtig mit...

Lassen wir etwas Astronomie folgen! Die verklärte Betrachtung des Mondes durch romantisch Veranlagte? Sie kennen gewiss den Maler Caspar David Friedrich und seine zwei Männer, die unseren Erdtrabanten anschauen? Oder die Gräfin Giulietta Guicciardi, der Ludwig van Beethoven seine berühmte Mondscheinsonate widmete? Aber auch unsere Pathologen-Ärzte sind jenen Romantikern zuzurechnen. Zumindest gaben sie einem der von ihnen beschriebenen Handwurzelknochen den Namen - Mondbein. Ob sie an eine nächtliche Bootsfahrt im Mondschein dachten, wenn sie den Nachbarknochen des Mondbeines gleich Kahnbein nannten? Ein Erbsenbein, ein Hakenbein, ein Kopfbein, ein Dreiecksbein und zwei Vielecksbeine, darunter ein kleines und ein großes, sind weitere lustige Gesellen unter den insgesamt acht Handwurzelknochen des Menschen. Noch findigere Anatomen dichteten sogar folgenden Spruch, der den Medizinstudenten das Erlernen der Namen dieser kleinen Knochen der Hand erleichtern sollte: „Ein Schifflein fuhr im Mondenschein dreieckig um ein Erbsenbein; vieleckig groß, vieleckig klein; am Köpfchen muss der Haken sein." (nach Kurt Alverdes)

Stellen Sie sich jetzt die dunkle Werkstatt eines Schmiedes vor! Einer unserer historischen Ärzte ist mit seinem „Dienstwagen" hier - sein Pferd, mit dem er von Patient zu Patient eilt, muss neu beschlagen werden. Endlich hat er mal etwas Ruhe. Interessiert schaut er dem Schmied zu, wie dieser ein Hufeisen eifrig mit dem Hammer auf seinem Amboss bearbeitet. Plötzlich entsinnt er sich der interessanten Knöchelchen im Mittelohr des Menschen - tatsächlich, der eine ist jenem Amboss des Schmiedes zum Verwechseln ähnlich, und mit genug Phantasie sieht der andere wie der Hammer des immer noch eifrig Klopfenden aus.

Schade nur, dass der dritte, mehr ringförmige Knöchel doch nicht ganz mit dem Hufeisen, das der Schmied gerade in der Mangel hat, vergleichbar ist. Während sein Blick an seinem Pferd entlang schweift, bleibt dieser plötzlich an den seitlich baumelnden Steigbügeln hängen. Natürlich - das war der Vergleich für den dritten Knöchel. Und - jeder Allgemeingebildete weiß heutzutage um Hammer, Amboss und Steigbügel in seinen Ohren, jene Knöchelchen, die die Schallwellen weiterleiten.

Hammer, Amboss, der Steigbügel, die Trompete - sie geben sich ein Stelldichein in Ihrem Ohr!

Das Hufeisen ist aber dennoch nicht zu kurz gekommen. Sah unser berittener Doktor - oder war es einer seiner Kollegen? - doch ein anderes Mal den bedauernswerten Fall eines Patienten, dessen beide Nieren bogenförmig miteinander verschmolzen waren - wie ein Hufeisen. Die Hufeisenniere war soeben im Kopf des eifrig nach einem Namen für diese Anomalie Suchenden geboren. Aber nicht nur für die erkrankte Niere fand sich der passende Name. Als Feinschmecker und Gourmet, besonders hinsichtlich süßer Speisen, brachte ein anderer Arztpoet den Begriff der Zuckerguss-Milz in Umlauf, womit eine Erkrankung des benachbarten Organs, der Milz also, die sich dabei mit einer weißen Blutausdünstung überzieht, beschrieben wird. Linsenkern, Olivenkern und Mandelkern - auch diese Bezeichnungen für Zellansammlungen im Gehirn des Menschen können nur von mit der Koch- oder Backkunst vertrauten Anatomen kreiert worden sein.

Nicht nur Pferde, sondern auch weitere Tiere aller Art standen Pate bei der Benennung unserer menschlichen Körperteile. Vergleichen Sie den Schnabel eines Raben mit dem hervorgehobenen Knochenvorsprung am Schulterblatt - „Rabenschnabelfortsatz" wurde er getauft! Schnecken, Muscheln und Spinnen bevölkern unser Inneres. Schließlich ziert ein Hahnenkamm nicht nur Männer, sondern auch jede Frau, indem eine vom Siebbeinknochen aufragende Knochenleiste, gelegen hinter Ihrer Nase, jenes Prädikat der Kampfeslust erhielt.

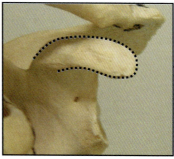

Mit etwas Phantasie als Rabenschnabel erkennbar, jener Knochenfortsatz, der vom Schulterblatt ausgeht.

„Schwerter zu Pflugscharen!" Sie kennen dieses Motto der DDR-Friedensbewegung? Nicht erst die Aktivisten dieser Kampagne dürften dabei auf das Vorbild der Bibel zurückgegriffen haben. Möglicherweise kannten unsere verehrten alten Mediziner schon die Begriffe aus dem Zitat des Propheten Jesaja. Denn nicht allzu weit auseinander liegen der Schwert-

fortsatz am Brustkorb und das Pflugscharbein als Knochen, der die Nasenscheidewand mit bildet. Überhaupt haben sie vielleicht mancher Kantate in ihrer Kirche, in der Pauken und Trompeten zum Gotteslob erschallen, andächtig gelauscht. Fanden doch beide Instrumente Eingang in die anatomische Nomenklatur. Im Ohr natürlich - Paukenhöhle und Ohrtrompete dürften manchem HNO-Patienten ein Begriff sein!
Und schließlich: Wissen Sie, wie groß ein Taubenei ist? Haben Sie eine Vorstellung, wie ein Hirsekorn aussieht? Unsere Pathologen hatten auf alle Fälle Ahnung davon! Sie prägten Begriffe wie den des taubeneigroßen Gallensteins (Ottilie lässt nochmals grüßen!) oder einer hirsekorngroßen Hautgeschwulst. Gehen Sie also einmal zum nächsten Brieftaubenzüchter-Verein und lassen sich ein Ei der gurrenden Vögel zeigen. Und ein Hirsekorn? Während unsere historischen Mediziner sich als Studenten vielleicht noch den Bauch mit Hirsebrei füllen mussten, dürfte es heute schwieriger sein, ein Hirsekorn aufzustöbern; Sie müssten vielleicht einen Vogelfreund aufsuchen, der seinen Wellensittich mit Hirse füttert oder sogar noch eine Reise nach Asien buchen…
Erfahrung hatten die Altvordern auf alle Fälle auch mit dem Baugewerbe. Vorhöfe und Kammern ihrer eigenen Behausungen projizierten sie mühelos ins menschliche Herz. Eine Vormauer, Balken und Gewölbe benutzten sie zur Bezeichnung von Strukturen des Gehirns. Selbst ein Dach ist dabei, in Form eines Zeltdaches zumindest, welches das Kleinhirn bedeckt. Mit dem stets nötigen Zement betitelten sie schließlich nicht ohne Grund den Bereich des Kieferknochens, in den die Zahnwurzeln eingebettet sind.
Nicht einmal Steine, Wasser und Kalk fehlen! Ein diesbezüglich derber Spaß, den ein Mediziner unserer Tage einem Patienten zumutete, kam dem Autor kürzlich zu Ohren und er mag unsere Reminiszenzen hinsichtlich erlebter Episoden im Krankenhaus schließlich etwas schräg beenden. So offenbarte der Doktor dem älteren Herrn bei der Visite am Krankenbett: „Sie haben Steine, Kalk und Wasser; Sie benötigen nur noch eine Baugenehmigung." Was war los mit dem Bedauernswerten? Steine hatten

sich bei ihm in der Gallenblase gebildet und Wasser hatte sich als Folge einer Herzerkrankung in beiden Beinen angesammelt; mit Kalk meinte der schalkhafte Arzt die Ablagerungen in den Gefäßen seines Anbefohlenen. Und diese Ablagerung in seinen Hirngefäßen hat hoffentlich bewirkt, dass der Bemitleidenswerte die Tragweite der Äußerung des Mediziners nicht so ganz erfasst hat…

Nicht vergessen am Entlassungstag:

Der Patient hat das Wort

Selbst nach der „Vorstellung beim Pathologen" - ein Klinikaufenthalt ist erst ordnungsgemäß beendet, wenn der Patient sein abschließendes Votum abgegeben hat. Recht unterschiedlich mag dieser letzte Vorgang des Erlebnisses Krankenhaus ablaufen. Auch die äußere Form der Prozedur mag verschieden vor sich gehen. Meist ist es der dezent auf Station angebrachte Briefkasten, der den Entlassungskandidaten dazu auffordert, das Erlebte zu Papier zu bringen und hier anonym zu deponieren. Das Qualitätsmanagement wird sich nun dieser Formulare annehmen - Harry Balds Welt hat also schon voll Einzug gehalten. Früher waren es eher akkurat angelegte Schreibbücher, die eben jenen etwas antiquiert anmutenden Titel - „Der Patient hat das Wort" - trugen. Von der Stationsschwester über Jahre gesammelt, verfügte die Station schließlich über einen Fundus an Werken, der einer kleinen Bibliothek glich.

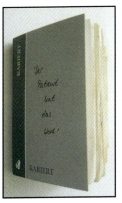 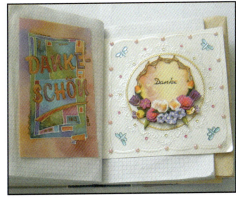

Nennen wir das Ganze schlicht und einfach **Dankeschön**. *Und ohne jenes wohltuende Wort, das selbst die stattgehabte Krankenhausbehandlung letztlich positiv abrundet, soll auch unser virtueller Klinikaufenthalt nicht enden.*

So haben zum Wohlbefinden unserer virtuellen Patienten beigetragen:

Herr Stefan Lazarides, Geschäftsführer eines reellen Krankenhauses (Diakoniekrankenhaus Chemnitzer Land in Hartmannsdorf) - dank seiner wohlwollenden finanziellen und anderweitigen Unterstützung konnte das Buchprojekt realisiert werden.

Herr Rainer Bach, bekannter Chemnitzer Graphiker - ohne seine professionellen Illustrationen wäre die Lektüre unserer elf Kapitel wahrscheinlich sehr trocken geworden!

Herr Dr. med. J.-O. Habeck (Chemnitz), Herr Olaf Buhler (Jena) und die sächsische Preßnitztalbahn, Frau Marita Rabe (Chemnitz), das Wilhelm-Busch-Museum in Hannover, Herr Mathias Mähler und der Verein Jordsand (Greifswalder Oie), Frau Annekathrin Kästner (Narsdorf), Herr Stefan Ternes (Nörtershausen) - durch verschiedenste Foto- und Graphikvorlagen komplettierten diese deutschlandweit gefundenen Personen und Vereine die Illustration. Dies gilt in besonderer Weise auch für die Ullstein GmbH Berlin.

Die pensionierten Ärzte Dr. Norbert Linke und Arnd Weiske (Burgstädt in Sachsen) - als „alte Hasen" sahen sie das Manuskript durch und gaben wertvolle ergänzende Tipps zu seiner Gestaltung.

Frau Dorit Weiske - die Germanistin aus Berlin bügelte dank ihres gründlichen Lektorats viele Falten aus dem ursprünglichen Buchentwurf aus.

Natürlich der Verlag unter der Regie von Herrn Thomas Böttger - ohne dessen professionelle Arbeit hätten die Leser auf ihren virtuellen Trip ins Krankenhaus verzichten müssen.

Quellennachweis

- Alverdes, K. und Bertolini, R.: Grundlagen der Anatomie. VEB Georg Thieme Leipzig. 1974

- Arbeitshilfen der DKG: Empfehlungen zur Aufklärung der Krankenhauspatienten über vorgesehene ärztliche Maßnahmen. 5., geänd. Auflage. Deutsche Krankenhausgesellschaft e.V. Berlin 2008

- Barth, Lutz: Die ärztliche (pflegerische) Aufklärungspflicht. 2006 (IQB Internetportal)

- Duden. Band 5. Das Fremdwörterbuch. Dudenverlag Mannheim Leipzig Wien Zürich 2002

- Gerste, Ronald D.: Das Problem ist das Streben nach Profit. In: Deutsches Ärzteblatt 40/2009, S. 1682 Deutscher Ärzteverlag Köln.

- Häser, Isabel: Schweigepflicht - aus Unkenntnis oft unterschätzt. In Klinikarzt 10/2007 S. 555 Georg Thieme Verlag Stuttgart.

- Kirsch, Michael u. Trilsch, Jürgen: Die ärztliche Schweigepflicht. In: Broschüre der Sächsischen Landesärztekammer 1. Auflage Dresden 2005

- Schmidt, Alvin J.: Fürsorge als Zeichen der Stärke. In Factum 6/2009 S. 10 Schwengeler Verlag Berneck, Schweiz

Bildnachweis

Titel

- Cartoon Rainer Bach

Inhaltsverzeichnis

- Abb. S. 2:   Grafik „Krankenhaus": Katrin Böttger

Vorwort:

- Abb. S. 4:   Ausschnitt aus Einweisungsschein: Dr. W. Scheffel

Kapitel 1:

- Abb. S. 6:   Cartoon Rainer Bach
- Abb. S. 8:   Zeichnung Blinddarm und Wurmfortsatz: Marita Rabe
- Abb. S. 10:   Friedrich Ebert: Ullstein Nr. 00517692
- Abb. S. 13:   Foto laparoskopische Blinddarm-OP: Dr. W. Scheffel
- Abb. S. 15:   Foto OP-Präparat entnommener Wurmfortsatz: Dr. Wolfgang Scheffel
- Abb. S. 15:   Foto Regenwurm: Dr. Wolfgang Scheffel

Kapitel 2:

- Abb. S. 16:   Klausjürgen Wussow alias Professor Brinkmann: Ullstein Nr. 13383722
- Abb. S. 20:   Waggon Preßnitztalbahn 1. Klasse: IG Preßnitztalbahn Jöhstadt, Olaf Buhler
- Abb. S. 20:   Waggon Preßnitztalbahn 4. Klasse: IG Preßnitztalbahn Jöhstadt, Olaf Buhler
- Abb. S. 25:   Cartoon Rainer Bach

Kapitel 3:

- Abb. S. 27:   Boxer Axel Schulz: Ullstein Nr. 00863810
- Abb. S. 30:   Foto Ankunft Rettungsstelle: Dr. Wolfgang Scheffel

- Abb. S. 32: Foto „Angst machende Technik" I: Dr. W. Scheffel
- Abb. S. 32: Foto „Angst machende Technik" II: Dr. W. Scheffel
- Abb. S. 35: Cartoon Rainer Bach

Kapitel 4:

- Abb. S. 36: Cartoon Rainer Bach
- Abb. S. 39: Schale mit Galle: Dr. Wolfgang Scheffel
- Abb. S. 43: Foto Ultraschallbild Gallenstein I: Dr. W. Scheffel
- Abb. S. 43: Foto Ultraschallbild Gallenstein II: Dr. W. Scheffel
- Abb. S. 44: Foto Röntgenbild Gallenstein: Röntgenarchiv Diakoniekrankenhaus Hartmannsdorf
- Abb. S. 44: Foto OP-Bild Gallenoperation: Dr. W. Scheffel
- Abb. S. 45: Foto herausgenommene Gallenblase mit Stein: Dr. Wolfgang Scheffel
- Abb. S. 45: Foto Gallenstein I mit Geldstück: Dr. W. Scheffel
- Abb. S. 45: Foto Gallenstein II: Dr. Wolfgang Scheffel

Kapitel 5

- Abb. S. 46: Cartoon Rainer Bach
- Abb. S. 50: Bild Hippokrates: Stefan Ternes
- Abb. S. 51: Der erste deutsche Reichstag 1871: Ullstein Nr. 00057807
- Abb. S. 55: Spatzen auf dem Dach: Ullstein Nr. 00624316

Kapitel 6

- Abb. S. 56: Cartoon Rainer Bach.
- Abb. S. 59: Foto Eidersperrwerk: Thomas Böttger
- Abb. S. 62: Foto Bakterienkultur: Dr. Wolfgang Scheffel
- Abb. S. 63: Foto Abszess: Dr. Wolfgang Scheffel
- Abb. S. 63: Foto sich entleerender Eiter: Dr. Wolfgang Scheffel

Kapitel 7:

- Abb. S. 66: Bild Grimms Märchen „Von einem, der auszog…": Ullstein Nr. 00049987
- Abb. S. 71: Foto Gefährliche Instrumente: Dr. W. Scheffel
- Abb. S. 73: Cartoon Rainer Bach

- Abb. S. 76: Medizinischer Aufklärungsbogen DDR: Dr. Wolfgang Scheffel

Kapitel 8:

- Abb. S. 78: Foto Vogelwarte Greifswalder Oie: Tony Böttger
- Abb. S. 78: Foto Vogelwarte Greifswalder Oie - Eingang: Dr. Wolfgang Scheffel
- Abb. S. 82: Karl der Große und sein Zipperlein: Wilhelm-Busch-Gesellschaft Hannover
- Abb. S. 83: Foto Gichtfinger: Dr. Wolfgang Scheffel
- Abb. S. 83: Foto Röntgenbild Gicht: Röntgenarchiv Diakoniekrankenhaus Hartmannsdorf
- Abb. S. 83: Formel Medikament zur Gichtbehandlung
- Abb. S. 83: Foto Hülsenfrüchte: Dr. Wolfgang Scheffel
- Abb. S. 87: Cartoon Rainer Bach

Kapitel 9:

- Abb. S. 89: Urkunde Diplom-Mediziner: Dr. Wolfgang Scheffel
- Abb. S. 91: Foto Doktorschilder in Frankreich: Dr. W. Scheffel
- Abb. S. 93: Foto Martin-Luther-Denkmal vor der St. Annenkirche in Annaberg-Buchholz: Thomas Böttger
- Abb. S. 93: Helmut Kohl: Ullstein Nr. 01024179
- Abb. S. 95: Rudolf Virchow: Ullstein Nr. 80156914
- Abb. S. 97: Cartoon Rainer Bach

Kapitel 10:

- Abb. S. 103: Cartoon Rainer Bach
- Abb. S. 104: Florence Nightingale: Ullstein Nr. 01083038
- Abb. S. 104: Henry Dunant: Ullstein Nr. 00948174
- Abb. S. 107: Foto Opernhaus Sydney: Annekathrin Kästner

Kapitel 11

- Abb. S. 109: Cartoon Rainer Bach
- Abb. S. 111: Jan Josef Liefers alias Prof. Karl-Friedrich Boerne: Ullstein Nr. 90072591
- Abb. S. 113: Foto Gewebeprobe I: Dr. J.-O. Habeck

- Abb. S. 113: Foto Gewebeprobe II: Dr. J.-O. Habeck
- Abb. S. 114: Foto Spruch Anatomisches Institut Leipzig I:
  Dr. Wolfgang Scheffel
- Abb. S. 114: Foto Spruch Anatomisches Institut Leipzig II:
  Dr. Wolfgang Scheffel
- Abb. S. 115: Foto Steinbrücke in Wales: Dr. Wolfgang Scheffel
- Abb. S. 115: Foto Holzbrücke im Erzgebirge: Dr. W. Scheffel
- Abb. S. 117: Foto Hammer und Amboss: Dr. Wolfgang Scheffel
- Abb. S. 117: Foto Steigbügel: Dr. Wolfgang Scheffel
- Abb. S. 117: Foto Trompete: Dr. Wolfgang Scheffel
- Abb. S. 118: Bild Rabe: Marita Rabe
- Abb. S. 118: Foto Schulterknochen (Rabenschnabelfortsatz):
  Dr. Wolfgang Scheffel

Dank

- Abb. S. 121: Foto „Der Patient hat das Wort" I: Dr. W. Scheffel
- Abb. S. 121: Foto „Der Patient hat das Wort" II: Dr. W. Scheffel

Rückseite

- Vignette Rainer Bach

Bildverlag Böttger GbR
W. I. T. der Gewerbepark
Witzschdorfer Hauptstraße 94
09437 Witzschdorf
Telefon: 0 37 25 / 2 01 40
Fax: 0 37 25 / 2 02 40
www.boettger-bildverlag.de

1. Auflage 2010

ISBN: 978-3-937496-40-5

„Sorry, ich habe Ihren Blinddarm nicht gefunden" entstand mit freundlicher Unterstützung des

Diakoniekrankenhauses Chemnitzer Land gGmbH Hartmannsdorf

In Ehrfurcht vor dem Leben handeln, damit Menschen geheilt werden.